SEOULTECH 한국어

서울과학기술대학교

한국어는 미래를 선도하는 언어입니다.

한국어는 이미 국제적 언어입니다. 한류라 부르는 한국문화의 세계화 현상으로 한국어를 배우고자 하는 외국 사람들의 숫자가 날로 늘어가는 게 현실입니다. 몇 년 전 루마니아의 한 대학을 방문을 했을 때, 낯선 동유럽 국가에서도 한류에 대한 관심으로 한국어를 배우고자 하는 학생들은 많았지만, 한국어 교사도 부족하고 대학에 한국어 학과가 개설되기 시작한 시점이라 한국어에 대한 관심이 높았음을 보고 한국어는 이미 국제적인 언어가 되었다는 걸 알았습니다.

서울과학기술대학교는 지금까지 공학중심의 교육기관에서 글로벌한 대학으로의 위상을 높이고자 AI학과 등 첨단학과를 신설하는 동시에 다른 국가의 대학들과 활발한 국제교류를 통해서 발전하고 있습니다. 현재 한국어 프로그램을 운영하면서 한국어 교육을 통한 유학생 유치에 기여하고 있습니다. 하지만 새로운 도약을 위해서 새로운 한국어 교육 프로그램 개발 및 코로나 상황이후 비대면 교육에 대한 요구가 증대할 것으로 예상됩니다. 온라인 교육 프로그램을 운영하기 위해 대학 기관 한국어 교재가 필요하다고 판단해서 준비를 해왔습니다.

현재 수많은 대학기관의 한국어 교재가 나와 있지만, 국립국제교육원이 관리하고 있는 토픽(TOPIK) 시험이 말하기 분야도 추가할 계획이라서 새로운 패러다임이 한국어 교육에서도 반영되어야 하기 때문에 여기에 발맞춰 새로운 내용의 교재를 개발하였습니다. 수많은 교재들이 말하기 중심의 교육을 강조하고 있지만, 본 교재는 정확한 의사소통에 방점을 두고 만들어졌습니다. 또한 주제 중심의 대화문을 통해서 한국 문화에 대한 이해를 높이는 동시에 문법과 회화능력 향상에 목표를 둔 구성을 하였습니다. 이 교재를 바탕으로 예습 및 복습을 온라인으로 진행하는 플립러닝(Flipped Learning) 방식을 도입하여 모바일 교육의 혁신 방안을 추구하고자 합니다.

한국어가 국제적 언어가 되어가고 있고, 많은 나라에서 고등교육 기관에서도 한국어 강좌를 늘어나고 있는 실정입니다. 이러한 한국문화에 대한 관심과 한국어 교육에 대한 열망을 생각하면 본 교재가 도움이 될 것이라 확신하며, 그동안 교재 편찬에 수고해 주신 교수님들께 감사드립니다.

한국어는 미래를 선도하는 국제적인 언어가 될 것입니다. 한국어를 사랑하는 모든 사람에게 이 교재를 추천합니다.

서울과학기술대학교 국제교류처

처장 **이 채 원**

- 「SEOUL TECH 한국어」 2A는 1과~8과, 2B는 9과~16과로 구성되어 있습니다.
- 각 과는 한 가지 주제를 중심으로 '어휘', '문법과 표현 1, 2', '말하기1', '문법과 표현3, 4', '말하기2', '듣고 말하기', '읽고 쓰기', '더 배워 봅시다', '발음 혹은 문화'로 구성되어 있습니다. '더 배워 봅시다'는 7과, 8과에서만 다루고 '발음'은 홀수 과에서, '문화'는 짝수 과에서 다루고 있습니다.
- 한 과는 8~10시간용으로 구성되어 있습니다.

도입 : 학습 목표, 그림 제시, 본문 대화로 구성되어 있습니다.

- **그림 제시:** 본문 대화의 상황을 나타내는 그림을 통해 주제에 대한 학습자의 관심과 본문 대화 내용에 대한 이해를 높이도록 하였습니다.
- **학습 목표:** 해당 과의 학습 목표와 내용을 영역별로 제시하였습니다.
- **본문 대화:** 해당 과에 대한 도입으로 주제와 관련된 핵심 표현을 사용하여 대화를 제시하였습니다. 내용 이해에 대한 질문을 실었고 본문 대화는 QR코드를 찍어 필요할 때마다 간편하게 확인할 수 있도록 하였습니다.

어휘

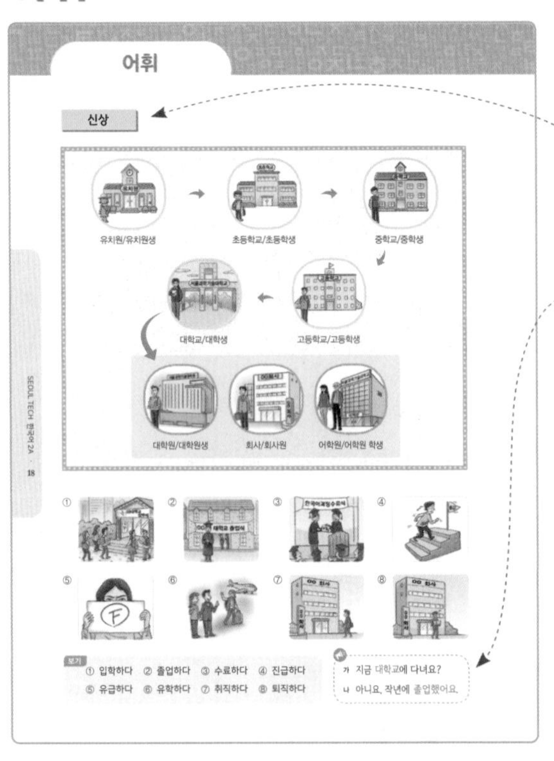

어휘와 예시 대화로 구성되어 있습니다.

- **어휘:** 주제와 관련된 어휘를 선정하여 의미에 따라 범주화하고 그림이나 사진을 통해 이해하기 쉽게 제시하였습니다.
- **예시 대화:** 필요한 경우에는 예시 대화를 주어 연습할 수 있도록 하였습니다.

문법과 표현

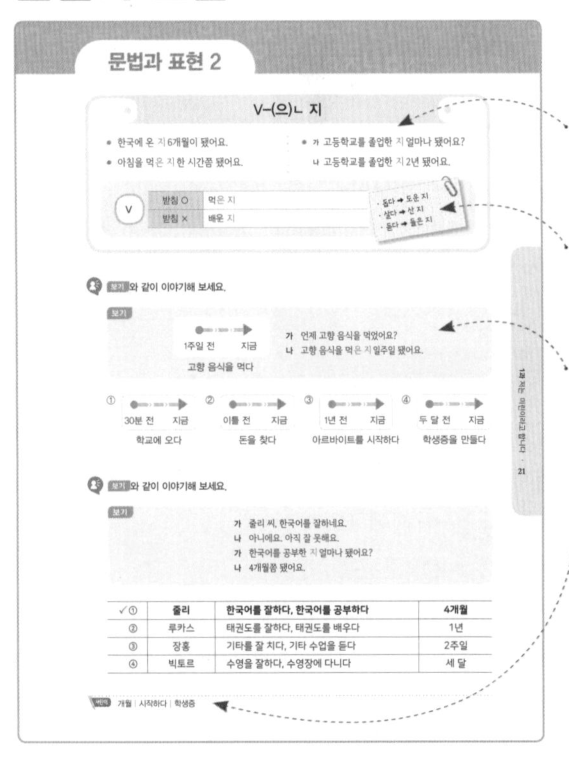

예문과 형태, 연습으로 구성되어 있습니다.

- **예문과 형태:** 문법이 사용되는 전형적이고 대표적인 예문과 결합 형태를 제시하였습니다.
- **참고 사항:** 참고 사항이나 불규칙 활용에 대해서는 따로 제시하였습니다.
- **연습:** 목표 문법 사용 능력을 높이기 위해 단계별로 말하기 활동을 구성하여 유의미한 연습 기회를 제공하였습니다.
- **새 단어:** 새로 제시된 단어를 하단에 제시하였습니다.

말하기

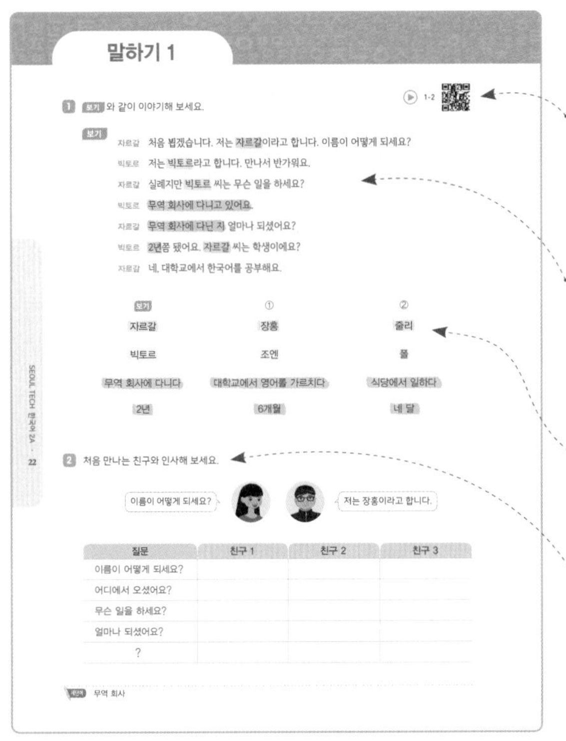

말하기 1

1 보기 와 같이 이야기해 보세요. 1-2

보기

자르갈 처음 뵙겠습니다. 저는 자르갈이라고 합니다. 이름이 어떻게 되세요?
빅토르 저는 빅토르라고 합니다. 만나서 반가워요.
자르갈 실례지만 빅토르 씨는 무슨 일을 하세요?
빅토르 무역 회사에 다니고 있어요.
자르갈 무역 회사에 다닌 지 얼마나 되셨어요?
빅토르 2년쯤 됐어요. 자르갈 씨는 학생이에요?
자르갈 네, 대학교에서 한국어를 공부해요.

보기	①	②
자르갈	장홍	줄리
빅토르	조엔	폴
무역 회사에 다니다	대학교에서 영어를 가르치다	식당에서 일하다
2년	6개월	네 달

2 처음 만나는 친구와 인사해 보세요.

질문	친구 1	친구 2	친구 3
이름이 어떻게 되세요?			
어디에서 오셨어요?			
무슨 일을 하세요?			
얼마나 되셨어요?			
?			

새단어 무역 회사

SEOUL TECH 한국어 2A · 22

대화문, 교체 연습, 말하기로 구성되어 있습니다.

- **애니메이션:** 대화 상황을 시각적으로 구현하여 내용 이해에 도움을 주었으며, QR코드로 제시하여 손쉽게 확인할 수 있도록 하였습니다.
- **대화문:** 의사소통능력을 향상시키기 위해 주제 어휘와 학습한 문법을 사용하여 대화문을 제시하였습니다.
- **교체 연습:** 주제와 관련된 어휘와 문법을 반복 학습할 수 있도록 색깔을 지정하여 익히게 하였습니다.
- **말하기:** 대화문과 관련된 주제 및 기능에 대하여 학습자가 담화를 구성해 봄으로써 말하기 활동을 강화시켰습니다.

듣고 말하기

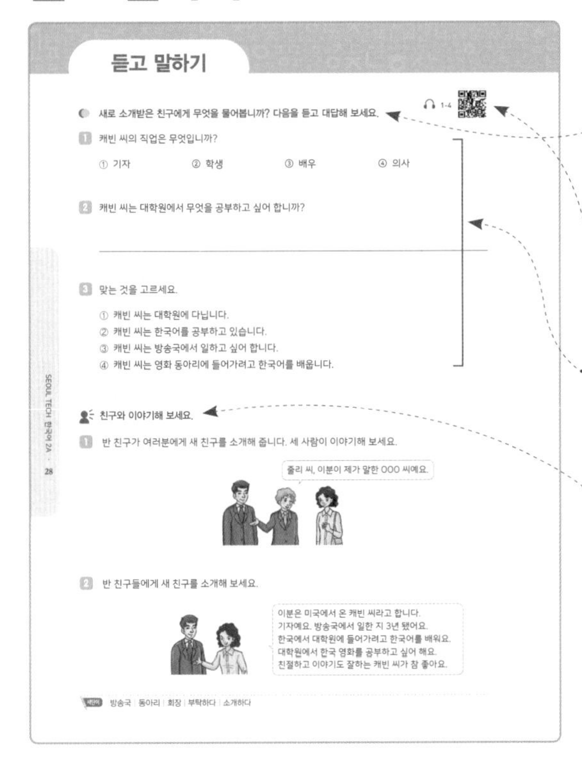

듣고 말하기

새로 소개받은 친구에게 무엇을 물어봅니까? 다음을 듣고 대답해 보세요. 1-4

1 캐빈 씨의 직업은 무엇입니까?

① 기자 ② 학생 ③ 배우 ④ 의사

2 캐빈 씨는 대학원에서 무엇을 공부하고 싶어 합니까?

3 맞는 것을 고르세요.

① 캐빈 씨는 대학원에 다닙니다.
② 캐빈 씨는 한국어를 공부하고 있습니다.
③ 캐빈 씨는 방송국에서 일하고 싶어 합니다.
④ 캐빈 씨는 영화 동아리에 들어가려고 한국어를 배웁니다.

친구와 이야기해 보세요.

1 반 친구가 여러분에게 새 친구를 소개해 줍니다. 세 사람이 이야기해 보세요.

2 반 친구들에게 새 친구를 소개해 보세요.

새단어 방송국 | 동아리 | 회장 | 부탁하다 | 소개하다

SEOUL TECH 한국어 2A · 28

도입, 듣기, 말하기로 구성되어 있습니다.

- **도입:** 듣기 전 주제와 관련된 질문을 제시하여 들을 내용을 추측하게 하였습니다.
- **듣기:** 주제와 관련된 대화문을 QR코드로 제시하여 손쉽게 들을 수 있도록 하였습니다.
- **내용 확인 문제:** 내용 이해에 도움을 주기 위하여 확인 문제를 제시하였습니다.
- **말하기:** 듣기 후 활동으로 학습자의 경험과 생각을 표현할 수 있도록 듣기의 주제 및 기능과 관련된 말하기 활동을 제시하였습니다.

읽고 쓰기

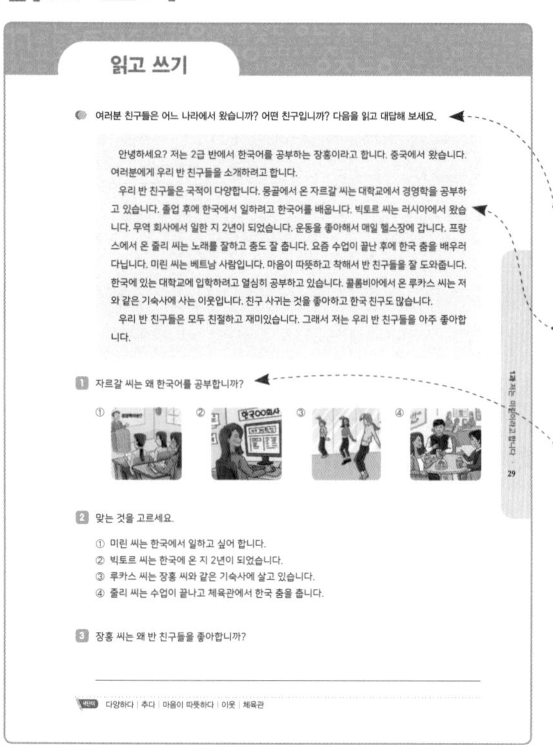
읽고 쓰기

여러분 친구들은 어느 나라에서 왔습니까? 어떤 친구입니까? 다음을 읽고 대답해 보세요.

안녕하세요? 저는 2급 반에서 한국어를 공부하는 장홍이라고 합니다. 중국에서 왔습니다. 여러분에게 우리 반 친구들을 소개하려고 합니다.

우리 반 친구들은 국적이 다양합니다. 몽골에서 온 자르갈 씨는 대학교에서 경영학을 공부하고 있습니다. 졸업 후에 한국에서 일하려고 한국어를 배웁니다. 빅토르 씨는 러시아에서 왔습니다. 무역 회사에서 일한 지 2년이 되었습니다. 운동을 좋아해서 매일 헬스장에 갑니다. 프랑스에서 온 줄리 씨는 노래를 잘하고 춤도 잘 춥니다. 요즘 수업이 끝난 후에 한국 춤을 배우러 다닙니다. 미린 씨는 베트남 사람입니다. 마음이 따뜻하고 착해서 반 친구들을 잘 도와줍니다. 한국에 있는 대학교에 입학하려고 열심히 공부하고 있습니다. 콜롬비아에서 온 루카스 씨는 저와 같은 기숙사에 사는 이웃입니다. 친구 사귀는 것을 좋아하고 한국 친구도 많습니다.

우리 반 친구들은 모두 친절하고 재미있습니다. 그래서 저는 우리 반 친구들을 아주 좋아합니다.

1. 자르갈 씨는 왜 한국어를 공부합니까?

① ② 한국OO회사 ③ ④

2. 맞는 것을 고르세요.

① 미린 씨는 한국에서 일하고 싶어 합니다.
② 빅토르 씨는 한국에 온 지 2년이 되었습니다.
③ 루카스 씨는 장홍 씨와 같은 기숙사에 살고 있습니다.
④ 줄리 씨는 수업이 끝나고 체육관에서 한국 춤을 춥니다.

3. 장홍 씨는 왜 반 친구들을 좋아합니까?

새 단어 다양하다 | 추다 | 마음이 따뜻하다 | 이웃 | 체육관

1과 저는 이링이라고 합니다 · 29

도입, 읽기, 쓰기로 구성되어 있습니다.

읽기

- **도입:** 읽기 전에 주제와 관련된 질문을 제시하여 읽을 내용을 추측하게 하였습니다.
- **읽기:** 학습자의 수준에 맞는 다양한 종류의 읽기 글을 제시하였습니다.
- **내용 확인 문제:** 확인 문제를 제시하여 글의 구조와 내용을 이해하는 데 도움을 주었습니다.

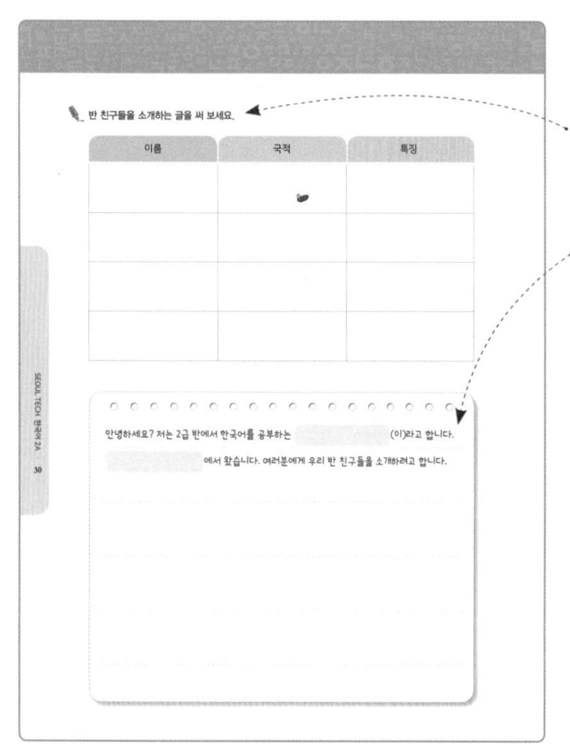
반 친구들을 소개하는 글을 써 보세요.

이름	국적	특징

안녕하세요? 저는 2급 반에서 한국어를 공부하는 (이)라고 합니다.
에서 왔습니다. 여러분에게 우리 반 친구들을 소개하려고 합니다.

SEOUL TECH 한국어 2A · 30

쓰기

- **도입:** 읽기 텍스트를 활용하여 쓰기 계획을 세우는 데 도움을 주도록 구성하였습니다.
- **쓰기:** 과의 주제 및 기능에 맞추어 학습한 문법과 표현을 활용하여 글을 쓰도록 하였습니다.

더 배워봅시다

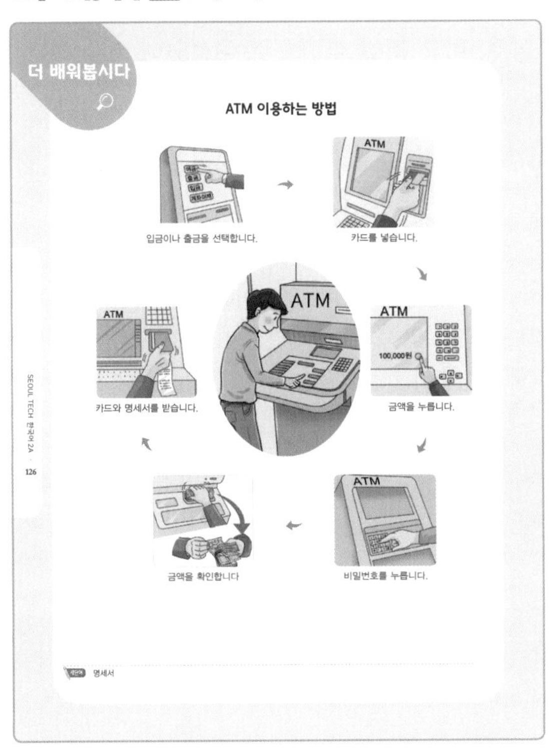

과의 주제와 관련된 학습 내용을 확장하였습니다. 실생활에 도움이 되고 흥미를 유발할 수 있는 내용을 선정하였으며 7과와 8과에 수록하였습니다.

발음

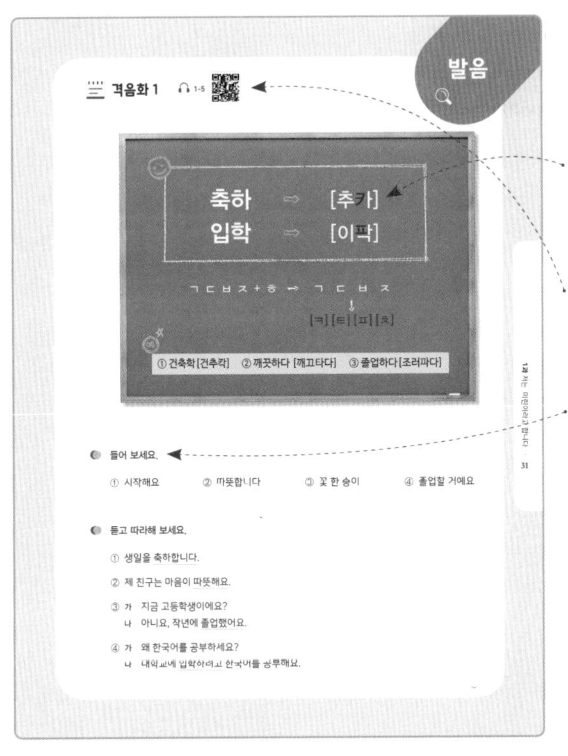

발음 규칙, 연습으로 구성되며 홀수 과에 수록되어 있습니다.

- **규칙:** 발음 규칙을 이해하기 쉽게 도식화하여 단계적으로 제시하였습니다.
- **듣기:** 대표적인 발음의 예를 제시하고 QR코드로 손쉽게 들어 볼 수 있도록 하였습니다.
- **연습:** 듣고 따라하는 연습을 통하여 문장 안에서 발음 규칙을 내재화하도록 하였습니다.

한국 문화

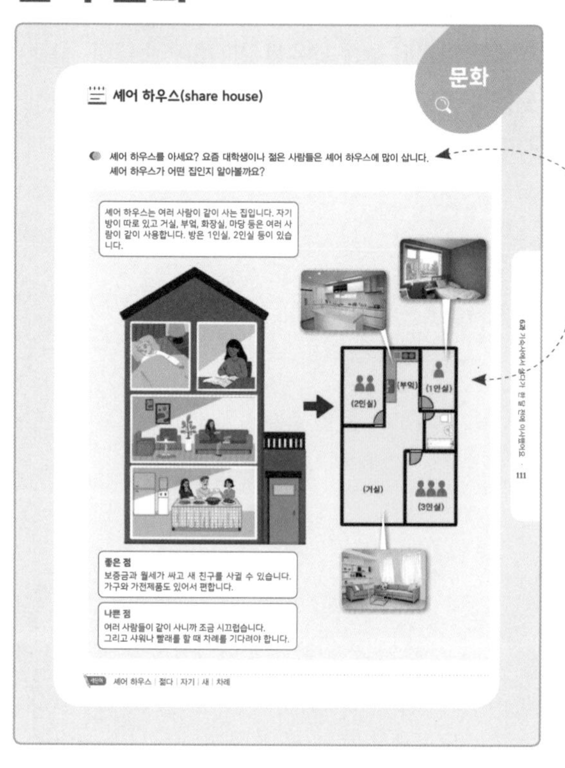
문화

세어 하우스(share house)

세어 하우스를 아세요? 요즘 대학생이나 젊은 사람들은 세어 하우스에 많이 삽니다.
세어 하우스가 어떤 집인지 알아볼까요?

세어 하우스는 여러 사람이 같이 사는 집입니다. 자기 방이 따로 있고 거실, 부엌, 화장실, 마당 등은 여러 사람이 같이 사용합니다. 방은 1인실, 2인실 등이 있습니다.

좋은 점
보증금과 월세가 싸고 새 친구를 사귈 수 있습니다.
가구와 가전제품도 있어서 편합니다.

나쁜 점
여러 사람들이 같이 사니까 조금 시끄럽습니다.
그리고 샤워나 빨래를 할 때 차례를 기다려야 합니다.

세어 하우스 | 젊다 | 자기 | 새 | 차례

도입 질문, 한국 문화 설명으로 구성되며 짝수 과에 수록되어 있습니다.

- **도입 질문:** 각 과의 한국 문화와 관련된 내용을 질문으로 제시하였습니다.
- **문화 내용:** 과의 주제와 관련된 한국 문화를 학습자의 수준에 맞게 설명하였으며 이해하기 쉽도록 그림이나 사진을 제시하였습니다.

부록 : 모범 답안, 듣기 지문, 문법 설명, 어휘 색인, 불규칙 동사 · 형용사 활용표로 구성되어 있습니다.

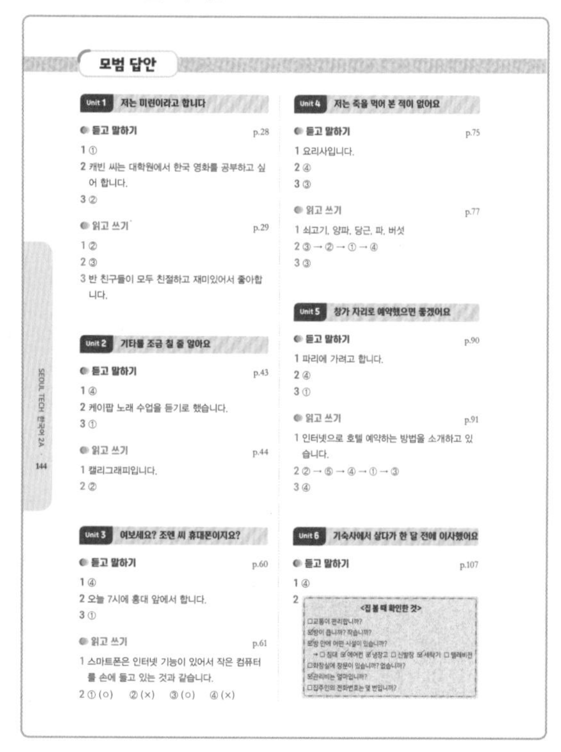
모범 답안

Unit 1 저는 미린이라고 합니다

듣고 말하기 p.28
1 ①
2 캐빈 씨는 대학원에서 한국 영화를 공부하고 싶어 합니다.
3 ②

읽고 쓰기 p.29
1 ②
2 ③
3 반 친구들이 모두 친절하고 재미있어서 좋아합니다.

Unit 2 기타를 조금 칠 줄 알아요

듣고 말하기 p.43
1 ④
2 케이팝 노래 수업을 듣기로 했습니다.
3 ①

읽고 쓰기 p.44
1 캘리그래피입니다.
2 ②

Unit 3 여보세요? 조엔 씨 휴대폰이지요?

듣고 말하기 p.60
1 ④
2 오늘 7시에 홍대 앞에서 합니다.
3 ①

읽고 쓰기 p.61
1 스마트폰은 인터넷 기능이 있어서 작은 컴퓨터를 손에 들고 있는 것과 같습니다.
2 ① (○) ② (×) ③ (○) ④ (×)

Unit 4 저는 죽을 먹어 본 적이 없어요

듣고 말하기 p.75
1 요리사입니다.
2 ④
3 ③

읽고 쓰기 p.77
1 쇠고기, 양파, 당근, 파, 버섯
2 ③ → ② → ① → ④
3 ③

Unit 5 창가 자리로 예약했으면 좋겠어요

듣고 말하기 p.90
1 파리에 가려고 합니다.
2 ④
3 ①

읽고 쓰기 p.91
1 인터넷으로 호텔 예약하는 방법을 소개하고 있습니다.
2 ② → ⑤ → ④ → ① → ③
3 ④

Unit 6 기숙사에서 살다가 한 달 전에 이사했어요

듣고 말하기 p.107
1 ④
2 <집 볼 때 확인한 것>

SEOUL TECH 한국어 2A · 144

모범 답안

'듣고 말하기'와 '읽고 쓰기' 문제의 정답을 제공합니다.

듣기 지문

'듣고 말하기'의 지문을 제공합니다.

듣기 지문

Unit 1 저는 미린이라고 합니다

p.28

남자1 줄리 씨, 이분이 미국에서 온 캐빈 씨예요.
남자2 처음 뵙겠습니다. 캐빈이라고 합니다.
여자 반갑습니다. 줄리예요. 이야기 많이 들었어요. 캐빈 씨는 무슨 일을 하세요?
남자2 기자예요. 방송국에서 일한 지 3년쯤 됐어요.
여자 네. 그런데 왜 한국어를 공부하세요?
남자2 한국에서 대학원에 들어가려고 한국어를 공부해요.
여자 대학원에서 뭘 전공하고 싶으세요?
남자2 한국 문화에 관심이 많아서 한국 영화를 공부하고 싶어요.
여자 정말이세요? 저도 한국 영화를 좋아해서 한국어를 배우고 있어요.
남자1 잘 됐네요. 줄리 씨가 한국 영화 동아리 회장이니까 캐빈 씨 좀 도와주세요.
남자2 아, 그러세요? 줄리 씨, 제가 모르는 것이 많아요. 앞으로 잘 부탁드립니다.
여자 아니에요. 저도 잘 부탁드려요.

Unit 2 기타를 조금 칠 줄 알아요

p.43

여자 루카스 씨, 문화 센터에서 무슨 수업을 들을 거예요?
남자 생각보다 프로그램이 다양해서 아직 결정 못 했어요. 줄리 씨가 좀 도와주세요..
여자 좋아요. 요즘 관심이 있는 게 뭐예요?
남자 케이팝 노래하고 댄스예요. 그리고 요리 수업에도 관심이 많아요.
여자 요리는 다음 달 문화체험 때 하기로 했으니까 노래나 춤이 어때요?
남자 아, 맞아요. 제가 그 생각을 못 했네요.
여자 그런데 루카스 씨는 목소리도 좋고 노래도 잘해요. 왜 케이팝을 배우려고 해요?
남자 한 달 후에 여자 친구 생일이에요. 그래서 여자 친구가 좋아하는 케이팝 노래를 해 주고 싶어요. 춤도요.
여자 우와, 루카스 씨 참 멋있어요. 그럼 케이팝 노래 수업을 들으세요. 춤은 제가 가르쳐 줄게요.
남자 고마워요. 하지만 제가 춤을 전혀 출 줄 몰라요.
여자 괜찮아요. 처음에는 조금 힘들지만 열심히 연습하면 잘할 수 있어요.
남자 알겠어요. 제가 노력해 볼게요.
여자 좋아요. 먼저 케이팝 노래부터 신청하세요.
남자 네, 지금 바로 할게요.

Unit 3 여보세요? 조엔 씨 휴대폰이지요?

p.60

여자 여보세요. 거기 세계무역회사지요?
남자1 네, 맞습니다.
여자 죄송하지만 빅토르 씨 좀 부탁합니다.
남자1 네, 잠깐만 기다리세요.
(잠시 후)
남자2 여보세요? 전화 바꿨습니다.
여자 빅토르 씨, 저 자르갈인데요. 휴대폰을 안 받아서 회사로 전화했어요.
남자2 미안해요. 자르갈 씨. 회의 중이라서 전화를 못 받았어요.
여자 혹시 제가 보낸 문자 메시지 확인했어요?
남자2 아니요. 아직 못 했는데요. 무슨 일 있어요?
여자 빅토르 씨도 오늘 우리 반 모임에 오지요?
남자2 그럼요. 여섯 시까지 홍대 앞으로 갈 건데요. 왜요?
여자 오늘 늦는 친구들이 많아서 시간을 바꿨어요. 일곱 시까지 오세요.
남자2 네, 알겠어요. 다른 친구들도 바꾼 시간을 아

SEOUL TECH 한국어 2A · 146

문법 설명

'문법과 표현'에서 다룬 문법의 핵심 정보를 제공합니다.

문법 설명

Unit 1 저는 미린이라고 합니다

1 N(이)라고 하다
명사와 결합하여 다른 사람에게 들은 내용을 말할 때 사용한다. 보통 공식적인 상황에서 자신을 소개할 때 많이 사용한다. 명사에 받침이 있으면 '이라고 하다', 받침이 없으면 '라고 하다'가 붙는다.

2 V-(으)ㄴ 지
동사와 결합하여 어떤 일이나 행동이 끝난 후에 시간이 얼마나 지났는지를 말할 때 사용한다. '-(으)ㄴ 지' 뒤에는 시간을 나타내는 명사가 오고, 그 뒤에는 보통 '되다'나 '지나다'가 온다. 동사 어간에 받침이 있으면 '-은 지', 받침이 없거나 'ㄹ' 받침이 있으면 '-ㄴ 지'가 붙는다.

3 V-(으)려고
동사와 결합하여 어떤 행동의 의도나 목적을 말할 때 사용한다. 동사 어간에 받침이 있으면 '-으려고', 받침이 없거나 'ㄹ' 받침이 있으면 '-려고'가 붙는다. 뒤 문장에는 청유문이나 명령문이 올 수 없고, 뒤 문장 없이 '-(으)려고요'로만 사용할 수도 있다.

4 V-는, V-(으)ㄴ
동사와 결합하여 명사를 수식한다. '-는' 은 수식 받는 명사가 동작을 진행하고 있음을 나타내고 시제는 현재이다. 동사 어간의 받침 유무에 관계없이 '-는'이 붙는다. '-(으)ㄴ' 은 수식 받는 명사의 동작이 완료됨을 나타내며 시제는 과거이다. 동사 어간에 받침이 있으면 '-은', 받침이 없거나 'ㄹ' 받침이 있으면 '-ㄴ'이 붙는다.

Unit 2 이건 뭐예요?

1 V-는 것
동사와 결합하여 어떤 행동이나 사실, 사물을 설명할 때 사용한다. 이 표현은 동사를 명사형으로 만든다. '-는 것이(=는 게)', '-는 것을=(-는 걸)', '-는 것은(=-는 건)', '-는 것이다'의 형태로 사용할 수 있다.

2 V-(으)ㄹ까 하다
동사와 결합하여 아직 확실히 결정한 것은 아니지만 그 행동을 할 마음이나 생각이 있음을 나타낼 때 사용한다. 화자의 의도를 나타내므로 주로 1인칭 주어와 함께 사용한다. 동사 어간에 받침이 있으면 '-을까 하다', 받침이 없거나 'ㄹ' 받침이 있으면 '-ㄹ까 하다'가 붙는다.

3 A/V-(으)ㄹ 때, N 때
동사, 형용사와 결합하여 어떤 일이 일어나고 있는 순간이나 어떤 행동이나 상태가 계속되는 동안을 말할 때 사용한다. 동사, 형용사의 어간에 받침이 있으면 '-을 때', 받침이 없거나 'ㄹ' 받침이 있으면 '-ㄹ 때'가 붙는다. 또한 명사와 결합하여 어떤 기간을 말할 때 사용한다. 명사의 받침 유무와 관계없이 '때'가 붙는다.

4 V-(으)ㄹ 줄 알다/모르다
동사와 결합하여 어떤 행동을 할 능력이 있는지 없는지, 또는 어떤 행동의 방법을 아는지 모르는지를 말할 때 사용한다. 동사 어간에 받침이 있으면 '-을 줄 알다/모르다', 받침이 없거나 'ㄹ' 받침이 있으면 '-ㄹ줄 알다/모르다'가 붙는다. 방법을 이야기할 때는 'V-(으)ㄹ 수 있다/없다(1B 13과)'로 바꿀 수 있다.

Unit 3 여보세요? 조엔 씨 휴대폰이지요?

1 A/V-지요?, N(이)지요?
동사, 형용사, 명사와 결합하여 이미 알고 있는 사실을 확인할 때 사용한다. 동사와 형용사는 받침 유무

SEOUL TECH 한국어 2A · 150

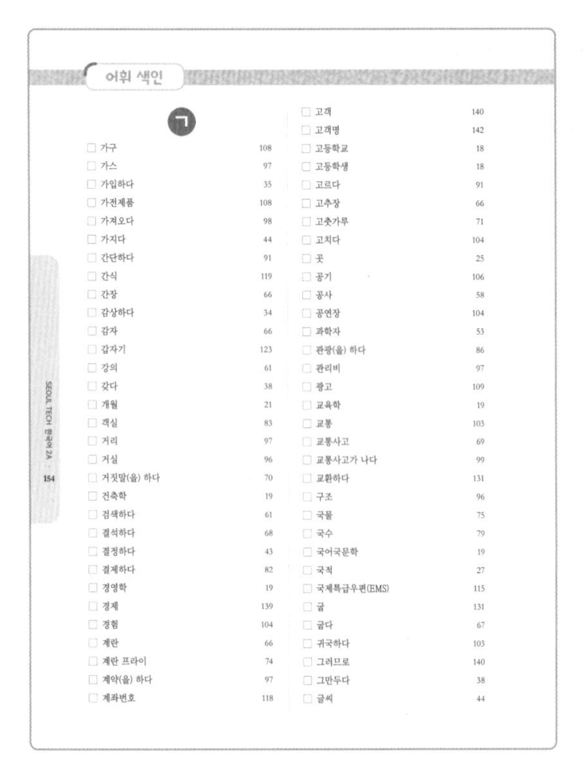

어휘 색인

ㄱ

어휘 색인

교재에 수록된 어휘를 '가나다' 순으로 정리하여 해당 쪽수와 함께 제공합니다.

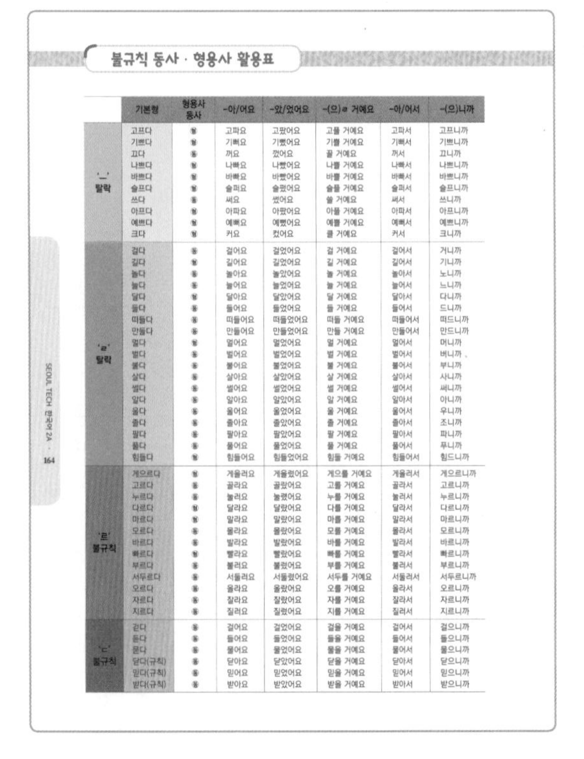

불규칙 동사 · 형용사 활용표

	기본형	형용사 동사	-아/어요	-았/었어요	-(으)ㄹ 거예요	-아/어서	-(으)니까
'ㅡ' 탈락	고프다	형	고파요	고팠어요	고플 거예요	고파서	고프니까
	기쁘다	형	기뻐요	기뻤어요	기쁠 거예요	기뻐서	기쁘니까
	끄다	동	꺼요	껐어요	끌 거예요	꺼서	끄니까
	나쁘다	형	나빠요	나빴어요	나쁠 거예요	나빠서	나쁘니까
	바쁘다	형	바빠요	바빴어요	바쁠 거예요	바빠서	바쁘니까
	슬프다	형	슬퍼요	슬펐어요	슬플 거예요	슬퍼서	슬프니까
	쓰다	동	써요	썼어요	쓸 거예요	써서	쓰니까
	아프다	형	아파요	아팠어요	아플 거예요	아파서	아프니까
	예쁘다	형	예뻐요	예뻤어요	예쁠 거예요	예뻐서	예쁘니까
	크다	형	커요	컸어요	클 거예요	커서	크니까
'ㄹ' 탈락	걸다	동	걸어요	걸었어요	걸 거예요	걸어서	거니까
	길다	형	길어요	길었어요	길 거예요	길어서	기니까
	놀다	동	놀아요	놀았어요	놀 거예요	놀아서	노니까
	늘다	동	늘어요	늘었어요	늘 거예요	늘어서	느니까
	달다	형	달아요	달았어요	달 거예요	달아서	다니까
	들다	동	들어요	들었어요	들 거예요	들어서	드니까
	떠들다	동	떠들어요	떠들었어요	떠들 거예요	떠들어서	떠드니까
	만들다	동	만들어요	만들었어요	만들 거예요	만들어서	만드니까
	멀다	형	멀어요	멀었어요	멀 거예요	멀어서	머니까
	벌다	동	벌어요	벌었어요	벌 거예요	벌어서	버니까
	불다	동	불어요	불었어요	불 거예요	불어서	부니까
	살다	동	살아요	살았어요	살 거예요	살아서	사니까
	썰다	동	썰어요	썰었어요	썰 거예요	썰어서	써니까
	알다	동	알아요	알았어요	알 거예요	알아서	아니까
	울다	동	울어요	울었어요	울 거예요	울어서	우니까
	졸다	동	졸아요	졸았어요	졸 거예요	졸아서	조니까
	팔다	동	팔아요	팔았어요	팔 거예요	팔아서	파니까
	풀다	동	풀어요	풀었어요	풀 거예요	풀어서	푸니까
	힘들다	형	힘들어요	힘들었어요	힘들 거예요	힘들어서	힘드니까
'르' 불규칙	게으르다	형	게을러요	게을렀어요	게으를 거예요	게을러서	게으르니까
	고르다	동	골라요	골랐어요	고를 거예요	골라서	고르니까
	누르다	동	눌러요	눌렀어요	누를 거예요	눌러서	누르니까
	다르다	형	달라요	달랐어요	다를 거예요	달라서	다르니까
	마르다	형	말라요	말랐어요	마를 거예요	말라서	마르니까
	모르다	동	몰라요	몰랐어요	모를 거예요	몰라서	모르니까
	바르다	동	발라요	발랐어요	바를 거예요	발라서	바르니까
	빠르다	형	빨라요	빨랐어요	빠를 거예요	빨라서	빠르니까
	부르다	동	불러요	불렀어요	부를 거예요	불러서	부르니까
	서두르다	동	서둘러요	서둘렀어요	서두를 거예요	서둘러서	서두르니까
	오르다	동	올라요	올랐어요	오를 거예요	올라서	오르니까
	자르다	동	잘라요	잘랐어요	자를 거예요	잘라서	자르니까
	지르다	동	질러요	질렀어요	지를 거예요	질러서	지르니까
'ㄷ' 불규칙	걷다	동	걸어요	걸었어요	걸을 거예요	걸어서	걸으니까
	듣다	동	들어요	들었어요	들을 거예요	들어서	들으니까
	묻다	동	물어요	물었어요	물을 거예요	물어서	물으니까
	닫다(규칙)	동	닫아요	닫았어요	닫을 거예요	닫아서	닫으니까
	믿다(규칙)	동	믿어요	믿었어요	믿을 거예요	믿어서	믿으니까
	받다(규칙)	동	받아요	받았어요	받을 거예요	받아서	받으니까

불규칙 동사 · 형용사 활용표

학습자들이 쉽게 이해하고 기억할 수 있도록 (불)규칙 동사와 형용사 활용표를 제시하였습니다.

차례

교재 구성표

단원	주제	어휘	문법과 표현	말하기
1과 **저는 미린이라고 합니다**	소개	신상 전공	N(이)라고 하다 V-(으)ㄴ 지 V-(으)려고 V-는, V-(으)ㄴ	인사하기 자기소개하기
2과 **기타를 조금 칠 줄 알아요**	취미	취미 활동 동아리	V-는 것 V-(으)ㄹ까 하다 A/V-(으)ㄹ 때, N 때 V-(으)ㄹ 줄 알다/모르다	취미 생활에 대해 말하기 동아리 활동에 대해 말하기
3과 **여보세요? 조엔 씨 휴대폰이지요?**	전화	전화 전화 표현	A/V-지요?, N(이)지요? A-(으)ㄴ데요, V-는데요, N인데요 A-(으)ㄴ가요?, V-나요?, N인가요? V-는 중이다, N 중이다	전화로 약속 바꾸기 전화로 문의하기
4과 **저는 죽을 먹어 본 적이 없어요**	음식과 요리	요리 재료 요리법 요리 도구	A/V-기 때문에, N 때문에 V-(으)ㄴ 적이 있다/없다 'ㅅ' 불규칙 V-고 나서	자주 먹는 음식에 대해 말하기 요리법에 대해 말하기
5과 **창가 자리로 예약했으면 좋겠어요**	예약	예약 예약 관련 어휘	V-(으)려면 N 대신(에) A/V-았으면 좋겠다/었으면 좋겠다 N밖에	관광 상품 예약하기 예약 변경하기
6과 **기숙사에서 살다가 한 달 전에 이사했어요**	집	집의 종류와 구조 집 구하기	A-(으)ㄴ데, V-는데[1] A-(으)ㄴ 것 같다, V-는 것 같다/-(으)ㄴ 것 같다 A/V-기는 하지만 V-다가	찾고 싶은 집에 대해 말하기 부동산에서 집 구하기
7과 **현금카드는 언제부터 사용할 수 있을까요?**	공공 장소	은행 우체국	A/V-(으)ㄹ 거예요(추측) A/V-(으)ㄹ까요?(추측) V-아도 되다/어도 되다 V-(으)면 안 되다	은행에서 하는 일 말하기 대중교통 예절에 대해 말하기
8과 **영수증이 필요한지 몰랐어요**	교환	의복 교환	V-아 드릴까요?/어 드릴까요? N에 비해(서) '르' 불규칙 A-(으)ㄴ지 알다/모르다, V-는지 알다/모르다, N인지 알다/모르다	물건 교환하기 인터넷 쇼핑 경험에 대해 말하기

	듣고 말하기	읽고 쓰기	발음/문화
	새 친구 소개하기	친구 소개하는 글 읽기 친구 소개하는 글 쓰기	발음 격음화 1
	배워 보고 싶은 취미에 대한 대화 듣기 집에서 할 수 있는 취미에 대해 말하기	취미 소개하는 글 읽기 취미 소개하는 글 쓰기	문화 한국인의 취미
	모임에 대한 전화 대화 듣기 음성 메시지 남기기	스마트폰 기능에 대한 글 읽기 나의 스마트폰 이용에 대한 글 쓰기	발음 '의' 발음
	한식에 대한 인터뷰 듣기 인기 있는 음식에 대해 말하기	요리법에 대한 글 읽기 요리법에 대한 글 쓰기	문화 특별한 날에 먹는 음식
	비행기 표 예약하는 대화 듣고 말하기	인터넷으로 예약하는 방법에 대한 글 읽기 인터넷으로 예약한 경험에 대한 글 쓰기	발음 자음동화 1
	집 볼 때 확인하는 것에 대한 듣고 말하기	룸메이트를 찾는 글 읽기 룸메이트를 찾는 글 쓰기	문화 셰어 하우스 (share house)
	우체국에서 소포 보내는 대화 듣고 말하기	인터넷 뱅킹 이용에 대한 글 읽기 은행 이용 경험에 대한 글 쓰기	발음 경음화 2
	교환 · 환불하는 방법에 대한 뉴스 듣기 교환 · 환불한 경험에 대해 말하기	물건 교환 경험에 대한 글 읽기 물건 교환 경험에 대한 글 쓰기	문화 옷과 신발 사이즈

등장인물

미린(20세)
베트남
어학원 학생
줄리(22세)
프랑스
교환학생
김선우(25세)
한국
대학생
장홍(21세)
중국
어학원 학생
이하경(22세)
한국
대학생
SNUT
한국어
SEOUL

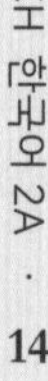

폴(32세)
독일
요리사
빅토르(28세)
러시아
회사원
루카스(23세)
콜롬비아
교환학생
자르갈(22세)
몽골
대학생
English class
English
조엔(29세)
미국
영어 선생님

Unit 1

저는 미린이라고 합니다

학습목표

어휘	신상 전공
문법과 표현 1	N(이)라고 하다
문법과 표현 2	V-(으)ㄴ 지
말하기 1	인사하기
문법과 표현 3	V-(으)려고
문법과 표현 4	V-는, V-(으)ㄴ
말하기 2	자기소개하기
듣고 말하기	새 친구 소개하기
읽고 쓰기	친구 소개하는 글 읽기 친구 소개하는 글 쓰기
발음	격음화 1

들어요

1-1

미린 안녕하세요? 저는 미린이라고 합니다.
베트남에서 왔어요.

폴 안녕하세요? 저는 독일에서 온 폴이라고 합니다.

미린 폴 씨는 언제 한국에 오셨어요?

폴 작년에 왔어요. 한국에 온 지 1년 됐어요.

미린 저는 6개월 됐어요. 한국어를 공부하러 왔어요.

폴 미린 씨는 왜 한국어를 공부하세요?

미린 한국에서 대학교에 들어가려고 공부해요. 폴 씨는요?

폴 저는 한국 요리를 배우려고 공부해요.

미린 그러세요? 만나서 반갑습니다.

1. 폴 씨는 어느 나라에서 왔어요?
2. 미린 씨는 한국에 온 지 얼마나 됐어요?
3. 폴 씨는 왜 한국어를 공부해요?

어휘

신상

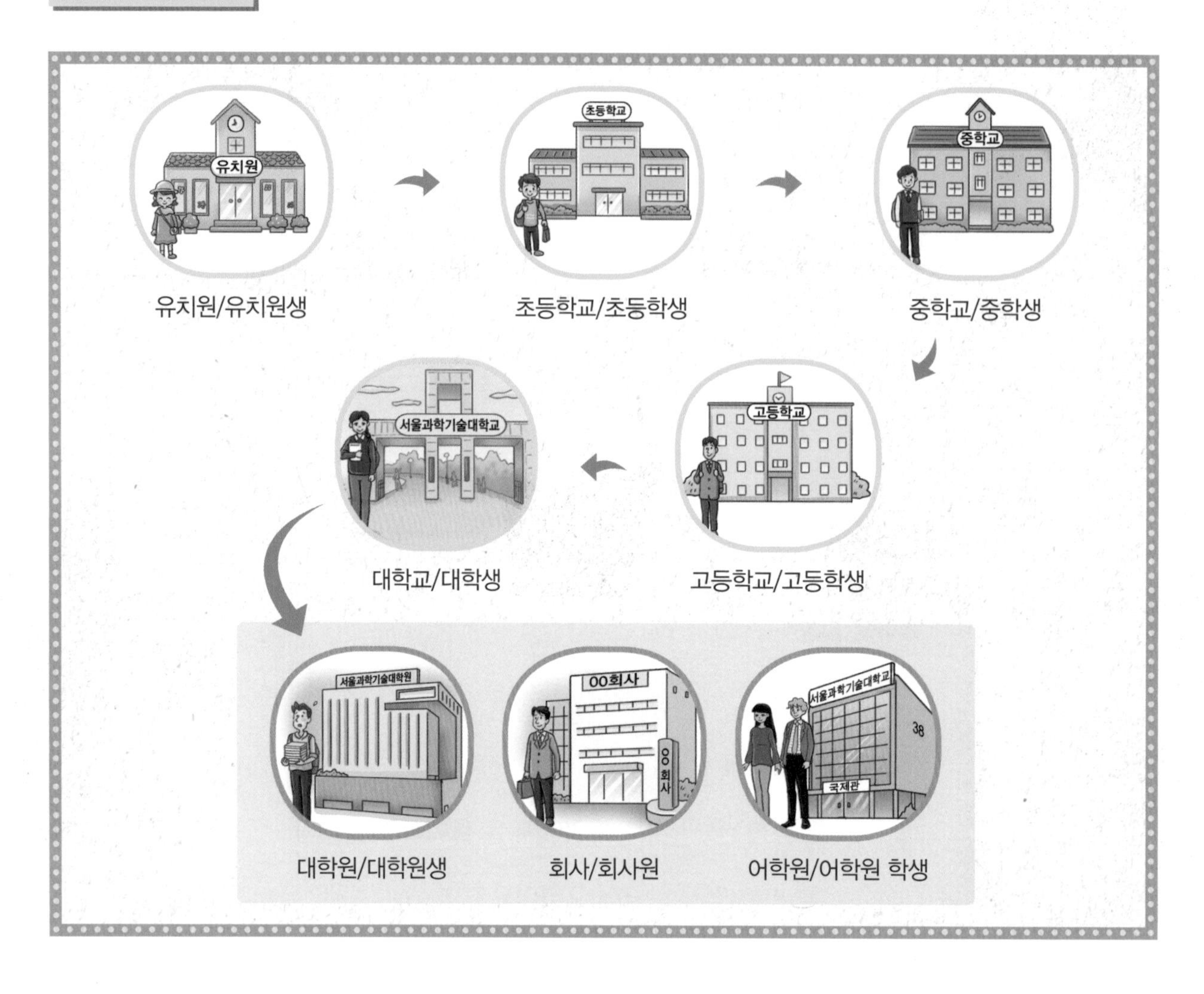

유치원/유치원생
초등학교/초등학생
중학교/중학생
고등학교/고등학생
대학교/대학생
대학원/대학원생
회사/회사원
어학원/어학원 학생

보기

① 입학하다 ② 졸업하다 ③ 수료하다 ④ 진급하다
⑤ 유급하다 ⑥ 유학하다 ⑦ 취직하다 ⑧ 퇴직하다

가 지금 대학교에 다녀요?
나 아니요, 작년에 졸업했어요.

전공

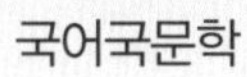

국어국문학

역사학

심리학

법학

경영학

교육학

신문방송학

연극영화학

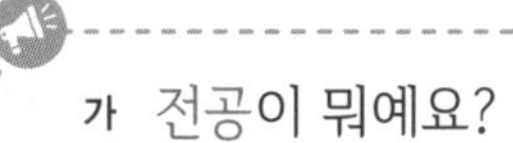

가 전공이 뭐예요?

나 제 전공은 경영학이에요.

물리학

의학

건축학

디자인학

전기공학

컴퓨터공학

화학공학

기계공학

문법과 표현 1

N(이)라고 하다

- 저는 미린이라고 합니다.
- 저는 빅토르라고 해요.
- 가 안녕하세요? 저는 장홍이에요.
  나 반가워요. 저는 줄리라고 해요.

N	
받침 O	미린이라고 하다
받침 ×	빅토르라고 하다

보기 와 같이 이야기해 보세요.

보기

자르갈

가 처음 뵙겠습니다. 저는 자르갈이라고 합니다.
나 반갑습니다. 저는 이하경입니다.

① 

조엔

② 
루카스

③ 
김선우

④ 
폴

보기 와 같이 이야기해 보세요.

보기

안녕하세요? | 베트남어

가 "안녕하세요?"를 베트남어로 뭐라고 해요?
나 "씬 짜오"라고 해요.

① 감사합니다. | 중국어

② 미안합니다. |

③ 또 만나요. |

④ 사랑해요. |

새단어 뵙다

문법과 표현 2

V-(으)ㄴ 지

- 한국에 온 지 6개월이 됐어요.
- 아침을 먹은 지 한 시간쯤 됐어요.
- 가 고등학교를 졸업한 지 얼마나 됐어요?
  나 고등학교를 졸업한 지 2년 됐어요.

받침 ○	먹은 지
받침 ×	배운 지

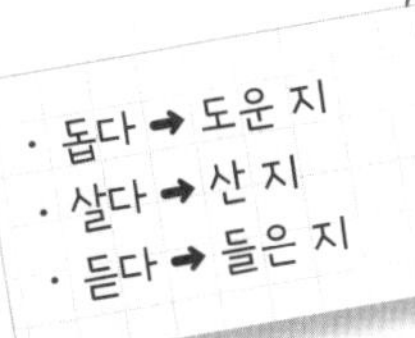

보기 와 같이 이야기해 보세요.

보기

1주일 전 → 지금

고향 음식을 먹다

가 언제 고향 음식을 먹었어요?
나 고향 음식을 먹은 지 일주일 됐어요.

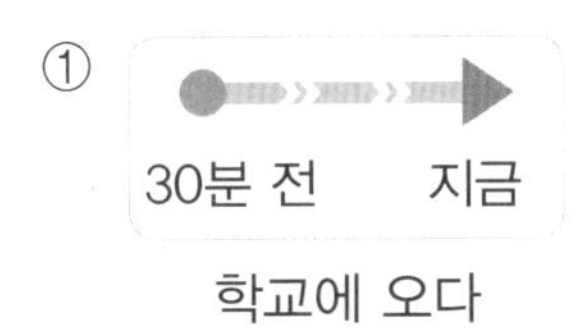

① 30분 전 → 지금 / 학교에 오다

② 이틀 전 → 지금 / 돈을 찾다

③ 1년 전 → 지금 / 아르바이트를 시작하다

④ 두 달 전 → 지금 / 학생증을 만들다

보기 와 같이 이야기해 보세요.

보기

가 줄리 씨, 한국어를 잘하네요.
나 아니에요. 아직 잘 못해요.
가 한국어를 공부한 지 얼마나 됐어요?
나 4개월쯤 됐어요.

✓ ①	**줄리**	**한국어를 잘하다, 한국어를 공부하다**	**4개월**
②	루카스	태권도를 잘하다, 태권도를 배우다	1년
③	장홍	기타를 잘 치다, 기타 수업을 듣다	2주일
④	빅토르	수영을 잘하다, 수영장에 다니다	세 달

새단어 개월 | 시작하다 | 학생증

말하기 1

1-2

1 **보기** 와 같이 이야기해 보세요.

보기

자르갈 처음 뵙겠습니다. 저는 자르갈이라고 합니다. 이름이 어떻게 되세요?

빅토르 저는 빅토르라고 합니다. 만나서 반가워요.

자르갈 실례지만 빅토르 씨는 무슨 일을 하세요?

빅토르 무역 회사에 다니고 있어요.

자르갈 무역 회사에 다닌 지 얼마나 되셨어요?

빅토르 2년쯤 됐어요. 자르갈 씨는 학생이에요?

자르갈 네, 대학교에서 한국어를 공부해요.

보기	①	②
자르갈	장홍	줄리
빅토르	조엔	폴
무역 회사에 다니다	대학교에서 영어를 가르치다	식당에서 일하다
2년	6개월	네 달

2 처음 만나는 친구와 인사해 보세요.

이름이 어떻게 되세요?

저는 장홍이라고 합니다.

질문	친구 1	친구 2	친구 3
이름이 어떻게 되세요?			
어디에서 오셨어요?			
무슨 일을 하세요?			
얼마나 되셨어요?			
?			

새단어 무역 회사

문법과 표현 3

V-(으)려고

- 책을 읽으려고 도서관에 가요.
- 친구에게 주려고 꽃을 샀어요.

- 가 왜 한국에 왔어요?
  나 한국어를 공부하려고 한국에 왔어요.

V	
받침 O	읽으려고
받침 ×	배우려고

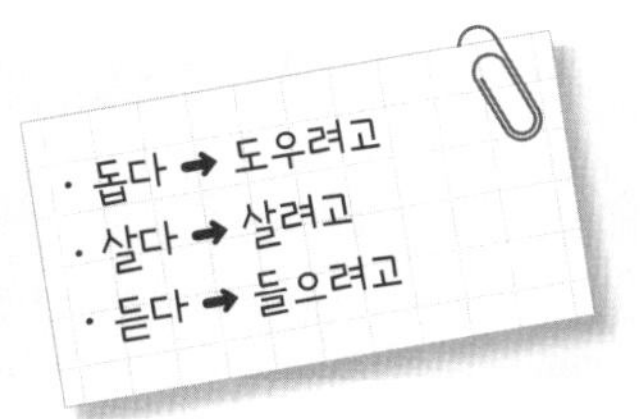

 **보기 와 같이 이야기해 보세요.**

보기

한국어를 배우다/대학교에 들어가다

가 왜 한국어를 배워요?
나 대학교에 들어가려고 한국어를 배워요.

우체국에 가다/
소포를 보내다

카메라를 빌리다/
사진을 찍다

불고기를 만들다/
가족하고 같이 먹다

밖에 나가다/
좀 걷다

 **보기 와 같이 이야기해 보세요.**

보기

가 왜 커피를 마셨어요?
나 수업 시간에 졸지 않으려고 커피를 마셨어요.

✓ ① **왜 커피를 마셨어요?**
② 왜 헬스장에 갔어요?
③ 왜 어제 돈을 찾았어요?
④ 왜 친구에게 전화했어요?
⑤ 왜 아침에 일찍 일어났어요?

새단어 졸다

문법과 표현 4

V–는 N, V–(으)ㄴ N

- 김치는 한국 사람들이 매일 먹는 음식이에요.
- 소파에서 자는 사람이 제 친구예요.
- 어제 저녁에 읽은 책이 재미있었어요.
- 저는 베트남에서 온 미린이라고 합니다.

		현재: –는	N
V	받침 O, ×	먹는	음식
		오는	사람

	과거: –(으)ㄴ	N
받침 O	먹은	음식
받침 ×	온	사람

보기 와 같이 이야기해 보세요.

보기
BTS는 제 동생이 가장 좋아하는 가수예요.

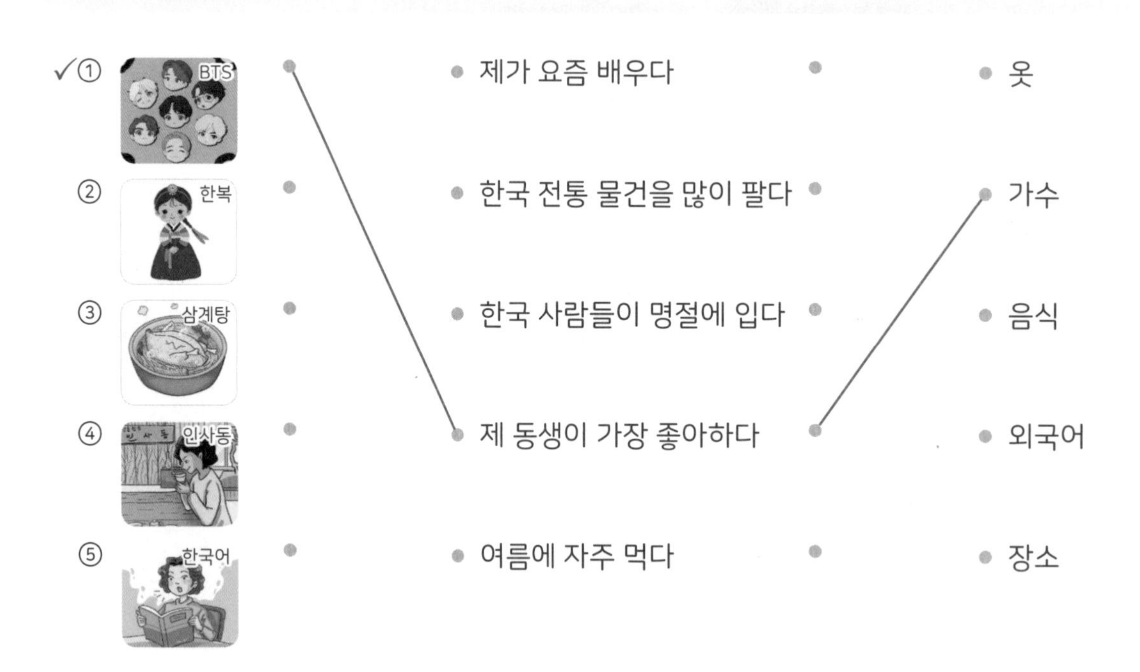

보기 와 같이 이야기해 보세요.

보기
가 요즘 자주 가는 식당이 어디예요?
나 제가 자주 가는 식당은 학생 식당이에요.

✓ ① **자주 가는 식당이 어디예요?**
② 자주 만나는 친구가 누구예요?
③ 자주 보는 한국 드라마가 뭐예요?
④ 자주 듣는 케이팝이 뭐예요?
⑤ 제일 좋아하는 한국어가 뭐예요?

🗣 **보기** 와 같이 이야기해 보세요.

보기

미국에서 온 학생은 조엔 씨예요.

① ☑

미국에서 왔다/학생

②

지난 생일에 받았다/선물

③

어제 봤다/영화

④

작년에 한국어를 가르쳤다/선생님

④

폴 씨가 만들었다/음식

⑥

어제 사진을 찍었다/곳

🗣 **보기** 와 같이 이야기해 보세요.

보기

가 누가 몽골에서 왔어요?
나 몽골에서 온 사람은 자르갈 씨예요.

✓ ① **누가 몽골에서 왔어요?**
② 오늘 누가 구두를 신었어요?
③ 갈색 옷을 입은 사람이 몇 명이에요?
④ 작년에 여행을 간 곳이 어디예요?
⑤ 어제 배운 한국어 문법이 어땠어요?

새단어 곳 | 문법

 보기 와 같이 이야기해 보세요.

보기

가 누가 루카스 씨예요?

나 샌드위치를 먹는 사람이 루카스 씨예요.

가 모자를 쓴 사람이에요?

나 네, 맞아요.

말하기 2

1 보기 와 같이 이야기해 보세요. ▶ 1-3

보기

줄리 안녕하세요? 저는 건축학을 공부하는 줄리라고 해요.

장홍 안녕하세요? 저는 중국에서 온 장홍이에요.

줄리 장홍 씨는 한국에 온 지 얼마나 됐어요?

장홍 6개월 됐어요. 줄리 씨는요?

줄리 저도 6개월 됐어요. 장홍 씨는 왜 한국어를 공부해요?

장홍 좋아하는 케이팝을 배우려고 한국어를 공부해요.

줄리 저는 한국 영화를 보려고 한국어를 공부해요.

장홍 그래요? 앞으로 잘 지내요.

보기	①	②
건축학을 공부하다/줄리	컴퓨터공학을 전공하다/루카스	경영학과에 다니다/자르갈
중국에서 왔다/장홍	러시아에서 왔다/빅토르	베트남에서 왔다/미린
6개월	1년	세 달
좋아하다/케이팝을 배우다	같이 일하다/사람들과 한국어로 이야기하다	제가 원하다/대학교에 들어가다
한국 영화를 보다	한국 문화를 알다	한국 회사에서 일하다

2 반 친구에게 여러분을 소개해 보세요.

국적	이름	한국에 온 시기
직업	한국어를 배우는 이유	앞으로 하고 싶은 일

안녕하세요? 저는 중국에서 온 장홍이라고 해요.
한국에 온 지 6개월 됐어요.
지금 대학교에서 한국어를 공부하는 학생이에요.
좋아하는 케이팝을 배우려고 한국어를 공부해요.
앞으로 반 친구들과 잘 지내고 싶어요.

새단어 앞으로 | 원하다 | 국적 | 시기

듣고 말하기

새로 소개받은 친구에게 무엇을 물어봅니까? 다음을 듣고 대답해 보세요.

1 캐빈 씨의 직업은 무엇입니까?

① 기자 ② 학생 ③ 배우 ④ 의사

2 캐빈 씨는 대학원에서 무엇을 공부하고 싶어 합니까?

____

3 맞는 것을 고르세요.

① 캐빈 씨는 대학원에 다닙니다.
② 캐빈 씨는 한국어를 공부하고 있습니다.
③ 캐빈 씨는 방송국에서 일하고 싶어 합니다.
④ 캐빈 씨는 영화 동아리에 들어가려고 한국어를 배웁니다.

친구와 이야기해 보세요.

1 반 친구가 여러분에게 새 친구를 소개해 줍니다. 세 사람이 이야기해 보세요.

2 반 친구들에게 새 친구를 소개해 보세요.

이분은 미국에서 온 캐빈 씨라고 합니다.
기자예요. 방송국에서 일한 지 3년 됐어요.
한국에서 대학원에 들어가려고 한국어를 배워요.
대학원에서 한국 영화를 공부하고 싶어 해요.
친절하고 이야기도 잘하는 캐빈 씨가 참 좋아요.

새단어 방송국 | 동아리 | 회장 | 부탁하다 | 소개하다

읽고 쓰기

여러분 친구들은 어느 나라에서 왔습니까? 어떤 친구입니까? 다음을 읽고 대답해 보세요.

안녕하세요? 저는 2급 반에서 한국어를 공부하는 장홍이라고 합니다. 중국에서 왔습니다. 여러분에게 우리 반 친구들을 소개하려고 합니다.

우리 반 친구들은 국적이 다양합니다. 몽골에서 온 자르갈 씨는 대학교에서 경영학을 공부하고 있습니다. 졸업 후에 한국에서 일하려고 한국어를 배웁니다. 빅토르 씨는 러시아에서 왔습니다. 무역 회사에서 일한 지 2년이 되었습니다. 운동을 좋아해서 매일 헬스장에 갑니다. 프랑스에서 온 줄리 씨는 노래를 잘하고 춤도 잘 춥니다. 요즘 수업이 끝난 후에 한국 춤을 배우러 다닙니다. 미린 씨는 베트남 사람입니다. 마음이 따뜻하고 착해서 반 친구들을 잘 도와줍니다. 한국에 있는 대학교에 입학하려고 열심히 공부하고 있습니다. 콜롬비아에서 온 루카스 씨는 저와 같은 기숙사에 사는 이웃입니다. 친구 사귀는 것을 좋아하고 한국 친구도 많습니다.

우리 반 친구들은 모두 친절하고 재미있습니다. 그래서 저는 우리 반 친구들을 아주 좋아합니다.

1 자르갈 씨는 왜 한국어를 공부합니까?

①

②

③

④

2 맞는 것을 고르세요.

① 미린 씨는 한국에서 일하고 싶어 합니다.
② 빅토르 씨는 한국에 온 지 2년이 되었습니다.
③ 루카스 씨는 장홍 씨와 같은 기숙사에 살고 있습니다.
④ 줄리 씨는 수업이 끝나고 체육관에서 한국 춤을 춥니다.

3 장홍 씨는 왜 반 친구들을 좋아합니까?

____

새단어 다양하다 | 추다 | 마음이 따뜻하다 | 이웃 | 체육관

반 친구들을 소개하는 글을 써 보세요.

이름	국적	특징

안녕하세요? 저는 2급 반에서 한국어를 공부하는 ______ (이)라고 합니다.

______ 에서 왔습니다. 여러분에게 우리 반 친구들을 소개하려고 합니다.

격음화 1

1-5 

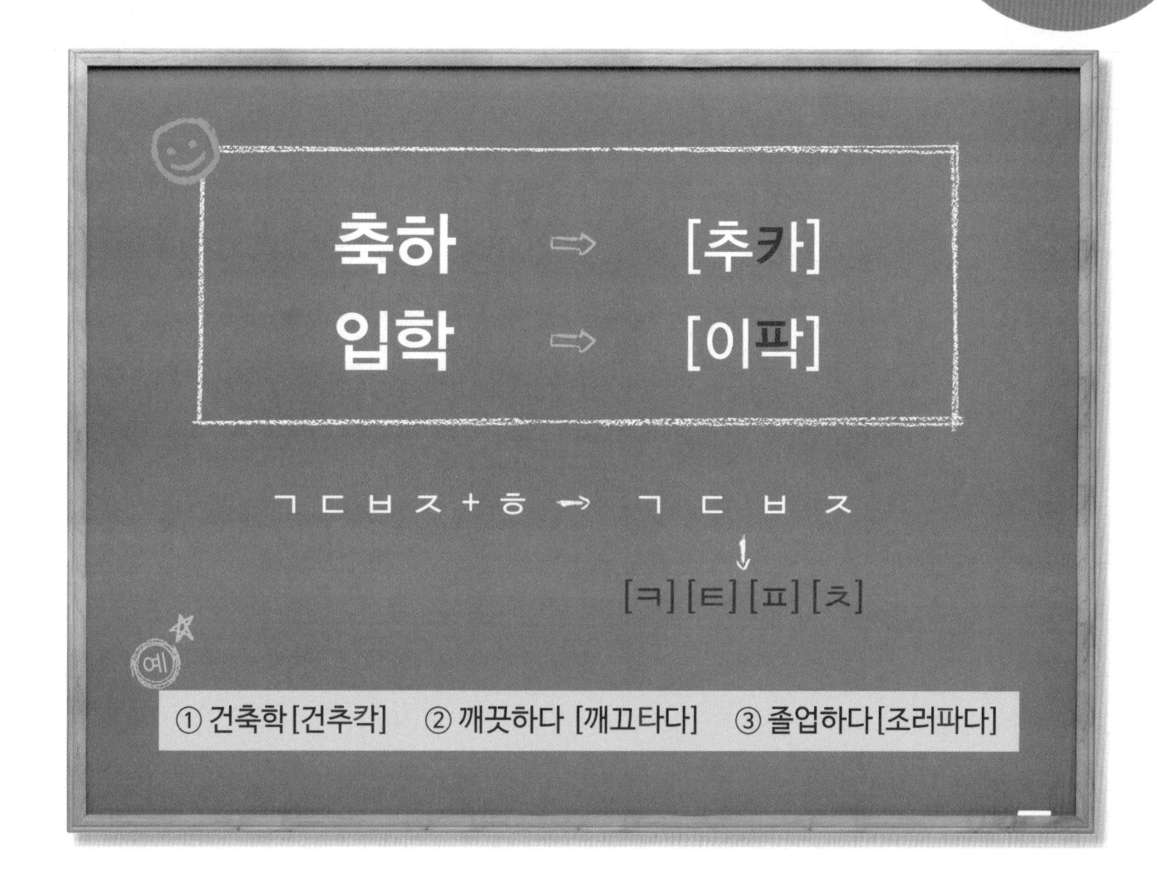

들어 보세요.

① 시작해요 ② 따뜻합니다 ③ 꽃 한 송이 ④ 졸업할 거예요

듣고 따라해 보세요.

① 생일을 축하합니다.

② 제 친구는 마음이 따뜻해요.

③ **가** 지금 고등학생이에요?
나 아니요, 작년에 졸업했어요.

④ **가** 왜 한국어를 공부하세요?
나 대학교에 입학하려고 한국어를 공부해요.

Unit 2

기타를 조금 칠 줄 알아요

SEOULTEC

학습목표

어휘	취미 활동 동아리
문법과 표현 1	V–는 것
문법과 표현 2	V–(으)ㄹ까 하다
말하기 1	취미 생활에 대해 말하기
문법과 표현 3	A/V–(으)ㄹ 때, N 때
문법과 표현 4	V–(으)ㄹ 줄 알다/모르다
말하기 2	동아리 활동에 대해 말하기
듣고 말하기	배워 보고 싶은 취미에 대한 대화 듣기 집에서 할 수 있는 취미에 대해 말하기
읽고 쓰기	취미 소개하는 글 읽기 취미 소개하는 글 쓰기
문화	한국인의 취미

들어요

2-1

김선우 자르갈 씨, 악기 연주할 줄 알아요?

자르갈 네, 기타를 조금 칠 줄 알아요.

김선우 그럼 제가 활동하는 음악 동아리에 들어오세요.

자르갈 좋아요. 저도 음악 동아리에 관심이 있어서 알아볼까 했어요. 그런데 기타를 잘 치는 건 아니에요.

김선우 괜찮아요. 동아리에서 연습하면 잘 칠 수 있어요. 시간이 있을 때 저하고 같이 가 봐요.

자르갈 그럴게요. 동아리 모임은 언제 있어요?

김선우 이번 주 수요일 오후 5시에 있어요. 시간 괜찮아요?

자르갈 네, 좋아요. 같이 가요.

1. 자르갈 씨는 무슨 악기를 연주할 줄 알아요?
2. 누가 음악 동아리에서 활동하고 있어요?
3. 두 사람은 이번 주 수요일에 어디에 가기로 했어요?

어휘

취미 활동

가 무슨 취미 활동을 하고 싶어요?

나 피규어를 모으고 싶어요.

동아리

회원을 모집하다

신청서를 쓰다

신청서를 접수하다

동아리에 가입하다

(한 달에 한 번) 모이다

회비를 내다

동아리 활동을 하다

동아리에서 나오다

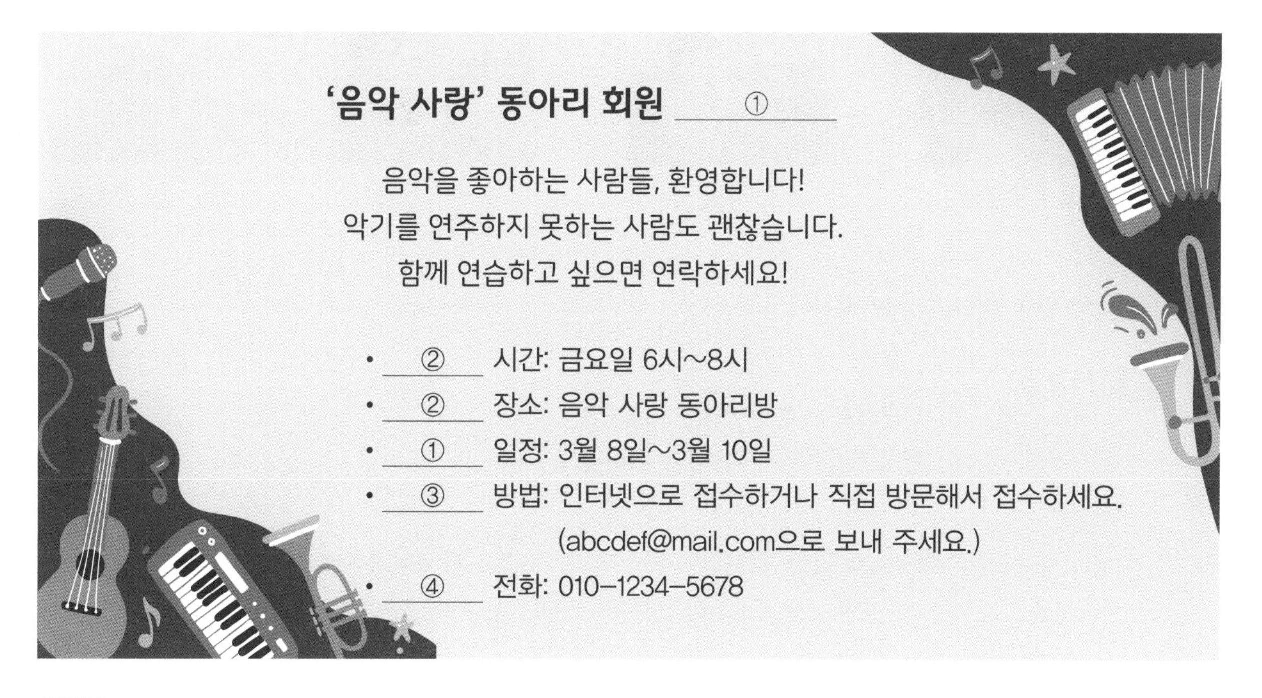

'음악 사랑' 동아리 회원 ___①___

음악을 좋아하는 사람들, 환영합니다!
악기를 연주하지 못하는 사람도 괜찮습니다.
함께 연습하고 싶으면 연락하세요!

- ___②___ 시간: 금요일 6시~8시
- ___②___ 장소: 음악 사랑 동아리방
- ___①___ 일정: 3월 8일~3월 10일
- ___③___ 방법: 인터넷으로 접수하거나 직접 방문해서 접수하세요.
  (abcdef@mail.com으로 보내 주세요.)
- ___④___ 전화: 010-1234-5678

보기

① 모집　　② 모임　　③ 지원　　④ 문의

문법과 표현 1

V-는 것

- 책 읽는 것을 좋아해요.
- 한국에서 혼자 사는 것이 힘들어요.
- 제 취미는 피규어 모으는 것이에요.

받침 ○	먹는 것
받침 ×	보는 것

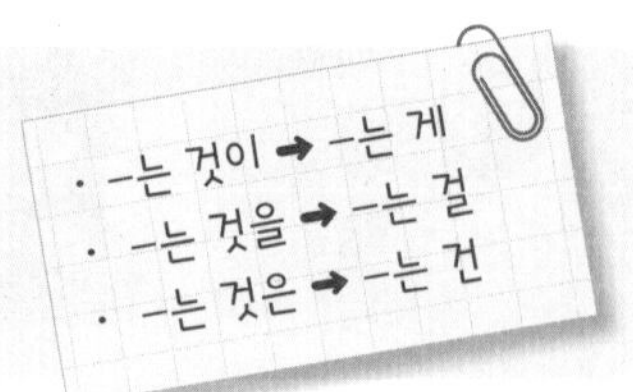

보기 와 같이 이야기해 보세요.

보기

사진을 찍다

가 사진 찍는 것을 좋아하세요?
나 아니요, 사진 찍는 것을 안 좋아해요.

① 

외국어를 배우다

② 
록 음악을 듣다

③ 
야구 경기를 보다

④ 
음식을 만들다

보기 와 같이 이야기해 보세요.

보기

가 한국에서 뭐 하는 것이 어려워요?
나 한국어로 이야기하는 것이 어려워요.

✓① **한국어로 이야기하다**
② 버스나 지하철로 갈아타다
③ 기숙사에서 살다

✓ **어렵다**, 힘들다, 불편하다

④ 자전거를 타다
⑤ 악기를 배우다
⑥ 음식을 배달해서 먹다

쉽다, 재미있다, 편하다

새단어 록(rock) 음악

문법과 표현 2

V-(으)ㄹ까 하다

- 다음 달부터 태권도를 배울까 해요.
- 결혼식에 새로 산 옷을 입을까 해요.
- 가 고향 친구가 한국에 오면 뭐 할 거예요?
  나 아직 잘 모르겠지만 부산에 갈까 해요.

V	
받침 ○	입을까 하다
받침 ×	쉴까 하다

- 돕다 ➜ 도울까 하다
- 만들다 ➜ 만들까 하다
- 걷다 ➜ 걸을까 하다

보기 와 같이 이야기해 보세요.

보기

오늘 점심, 먹다

가 오늘 점심에 뭘 먹을 거예요?
나 글쎄요. 김밥을 먹을까 해요.

① 

폴 씨 생일, 선물하다

② 

집들이, 사 가다

③ 

면접 보는 날, 입다

④ 

이번 주말, 하다

보기 와 같이 이야기해 보세요.

보기

 여러분, 방학하면 뭘 하고 싶어요?

 저는 스쿠버 다이빙을 배우고 싶어요. 그래서 제주도에 갈까 해요.

 저는 돈을 모으고 싶어요. 그래서 아르바이트를 찾을까 해요.

✓① **스쿠버 다이빙을 배우다** → **제주도에 가다**
✓② **돈을 모으다** → **아르바이트를 찾다**
③ 다양한 영화를 감상하다 → 영화 동아리를 알아보다
④ 서울을 좀 더 알다 → 서울 여기저기를 걷다
⑤ ? → ?

새단어 집들이 | 면접을 보다 | 스쿠버 다이빙(scuba diving) | 돈을 모으다 | 여기저기

말하기 1

2-2

1 보기 와 같이 이야기해 보세요.

보기

루카스 줄리 씨, 요즘도 춤을 배우세요?

줄 리 그럼요. 너무 재미있어서 춤 동아리에도 가입할까 해요.

루카스 와, 춤 추는 걸 정말 좋아하네요.
저도 취미를 갖고 싶지만 제가 좋아하는 것을 아직 못 찾았어요.

줄 리 그럼 다음에 저하고 같이 문화 센터에 가 봐요.
거기에는 하루만 배워 보는 프로그램이 많아요.

루카스 그거 좋네요. 이번에는 제가 좋아할 수 있는 걸 꼭 찾고 싶어요.

보기	①	②
춤	마술	드럼
춤 동아리에도 가입하다	마술 동아리도 만들다	드럼 공연도 하다
춤을 추다	마술을 하다	드럼을 치다
좋아할 수 있다	마음에 들다	즐길 수 있다

2 여러분은 취미로 무엇을 배워 봤습니까? 친구와 이야기해 보세요.

저는 사진 찍는 걸 배워 봤어요.
그런데 생각보다 카메라 사용하는 방법이 어려워서 그만뒀어요.

저는 비누 만드는 걸 배워 봤어요.
직접 만드니까 재미있고 좋은 재료를 사용해서 좋았어요. 그래서 지금도 가끔 비누를 만들어서 선물해요.

질문	배워 본 것	배운 후의 결과
나		
________ 씨		
________ 씨		

새단어 갖다 | 문화 센터 | 프로그램 | 즐기다 | 방법 | 그만두다 | 재료

문법과 표현 3

A/V-(으)ㄹ 때, N 때

- 심심할 때 드라마나 영화를 봐요.
- 가족이 보고 싶을 때 전화해요.
- 작년 휴가 때 낚시하러 제주도에 갔어요.

- 가 언제 기분이 좋아요?
  나 용돈을 받을 때 기분이 좋아요.

A/V	받침 ○	좋을 때
	받침 ×	만날 때
N	받침 ○, ×	시험 때 휴가 때

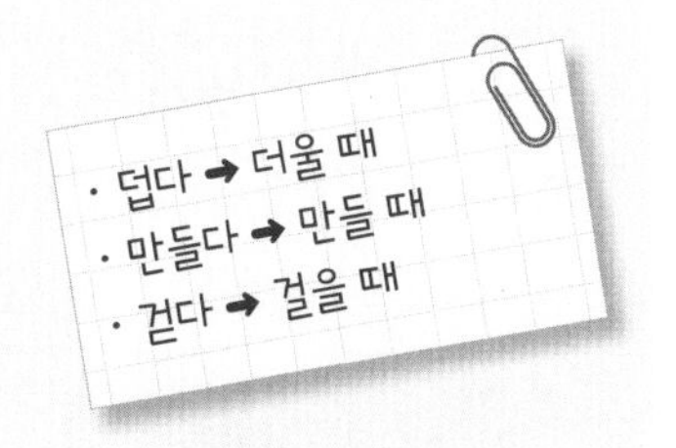

보기 와 같이 이야기해 보세요.

보기

외롭다/혼자 밥을 먹다

가 언제 외로워요?
나 혼자 밥을 먹을 때 외로워요.

① 
행복하다/
사랑하는 사람하고 있다

② 
힘들다/
일이 너무 많다

③ 
신나다/
노래방에서 노래하다

④ 
무섭다/
밤에 혼자 길을 걷다

보기 와 같이 이야기해 보세요.

보기

가 잠이 안 올 때 어떻게 해요?
나 그럴 때는 우유를 마셔요.

✓ ① **잠이 안 올 때 어떻게 해요?**
② 단어를 모를 때 어떻게 해요?
③ 목이 아플 때 어떻게 해요?
④ 기분이 나쁠 때 어떻게 해요?
⑥ 스트레스를 받을 때 어떻게 해요?

 새단어 용돈 | 행복하다 | 신나다

보기 와 같이 이야기해 보세요.

보기

가 언제 수영을 배웠어요?
나 초등학생 때 배웠어요.

생일 방학 시험 설날 결혼식 졸업식 ✓**초등학생**

① 언제 가장 열심히 공부했어요?

② 언제 해외여행을 해 봤어요?

③ 언제 정장을 입을 거예요?

④ 언제 동생한테 꽃을 줄 거예요?

⑤ 한국 사람들은 언제 세뱃돈을 받아요?

⑥ 한국 사람들은 언제 미역국을 먹어요?

친구와 같이 이야기해 보세요.

질문	대답
① 한가할 때 뭘 하세요?	
② 언제 가족이 보고 싶어요?	
③ 한국에서 언제 택시를 타 봤어요?	
④ 화가 날 때 어떻게 하세요?	
⑤ 친구가 약속을 지키지 않을 때 어떻게 할 거예요?	

새단어 졸업식 | 정장 | 세뱃돈 | 한가하다 | 화가 나다

문법과 표현 4

V-(으)ㄹ 줄 알다/모르다

- 줄리 씨는 음식을 젓가락으로 먹을 줄 알아요.
- 운전할 줄 알지만 아직 잘 못해요.
- 가 스키를 탈 줄 아세요?
  나 아니요, 탈 줄 몰라요.

V	
받침 O	먹을 줄 알다/모르다
받침 ×	탈 줄 알다/모르다

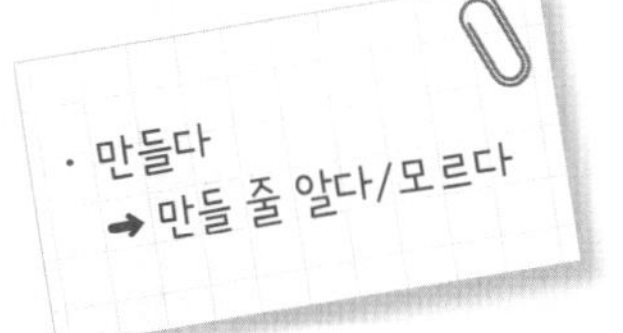

보기 와 같이 이야기해 보세요.

보기

皐 高 膏 羔 糕 搞 鎬 稿
割 革 葛 格 蛤 閣 隔 駱
糞 埂 耿 梗 工 攻 功 恭
共 鉤 勾 溝 苟 狗 垢 構
鼓 古 蟲 骨 谷 股 故 顧
拐 怪 棺 關 官 冠 觀 管

가 한자를 읽을 줄 알아요?

나 네, 읽을 줄 알아요. / 아니요, 읽을 줄 몰라요.

① 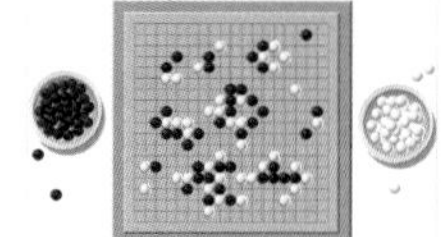
바둑을 두다

② 
동영상을 찍다

③ 

프랑스어를 하다

④ 
김치를 담그다

친구와 같이 이야기해 보세요.

볼링을 조금 칠 줄 알아요.

피아노를 칠 줄 알지만 잘 못 쳐요.

할 줄 아는 노래가 전혀 없어요.

질문	나	________ 씨
① 무슨 운동을 할 줄 아세요?		
② 무슨 악기를 연주할 줄 아세요?		
③ 무슨 음식을 만들 줄 아세요?		
④ 무슨 노래를 할 줄 아세요?		
⑤ 어느 나라 말을 할 줄 아세요?		

새단어 바둑을 두다 | 동영상 | 담그다

말하기 2

2-3

1 보기 와 같이 이야기해 보세요.

보기

신입생 안녕하세요? 영화 동아리에 관심이 있어서 왔어요.

줄 리 잘 오셨어요. 영화 동아리에서 활동해 봤어요?

신입생 아니요. 처음이에요. 보통 어떤 활동을 해요?

줄 리 우리 동아리에서는 감상도 하고 영화도 직접 만들어요.
혹시 카메라로 촬영할 줄 알아요?

신입생 네, 알아요. 시간이 있을 때 아름다운 경치를 자주 찍어요.

줄 리 그래요? 그럼 우리 동아리에서 잘 지내겠네요.
신청 기간은 이번 주까지니까 잘 생각해 보세요.

신입생 네, 생각해 보고 연락드릴게요. 감사합니다.

보기	①	②
영화 동아리	독서 동아리	여행 동아리
감상도 하고 영화도 직접 만들다	책 내용도 이야기하고 동영상으로도 만들다	배낭 여행도 하고 자전거로도 여행하다
카메라로 촬영하다	동영상을 만들다	자전거를 타다
시간이 있다/ 아름다운 경치를 자주 찍다	한가하다/ SNS에 동영상을 자주 올리다	학교에 오다/ 자전거로 오다

2 여러분은 어떤 동아리에 가입하고 싶습니까? 친구와 이야기해 보세요.

저는 운동 동아리에 들고 싶어요. 혼자 운동하면 힘들고 하기 싫을 때가 있어요. 그래서 동아리에서 여러 사람들하고 같이 하고 싶어요.

저는 맛집을 찾는 동아리에 들어가고 싶어요. 좋아하는 음식을 같이 먹을 때 더 맛있어요. 그리고 제가 모르는 맛집 정보도 알 수 있어요.

	가입하고 싶은 동아리	이유
나		
________ 씨		
________ 씨		

새단어 신입생 | 혹시 | 촬영하다 | 내용 | 동영상을 올리다

듣고 말하기

🎧 2-4

여러분은 요즘 배워 보고 싶은 취미가 있습니까? 다음을 듣고 대답해 보세요.

1 두 사람은 무엇에 대해 이야기하고 있습니까?

① 공부하고 싶은 전공
② 듣고 싶은 노래 이름
③ 알고 싶은 동아리 정보
④ 배우고 싶은 취미 활동

2 루카스 씨는 무슨 수업을 듣기로 했습니까?

____

3 맞는 것을 고르세요.

① 루카스 씨가 관심 있는 수업은 세 개입니다.
② 줄리 씨는 루카스 씨에게 요리를 가르쳐 줄 겁니다.
③ 루카스 씨는 여자 친구와 같은 수업을 듣고 싶어 합니다.
④ 줄리 씨는 루카스 씨와 함께 케이팝 노래를 배울까 합니다.

심심할 때 집에서 어떤 취미 활동을 합니까? 친구와 이야기해 보세요.

> 저는 색칠하는 걸 가끔 해요.
> 재료가 비싸지 않고 쉬워요.
> 이걸 하고 있으면 시간도 빨리 가요.

> 저는 아직 해 보지 않았지만 사람들이 퍼즐 맞추는 걸 많이 해요. 이건 혼자 할 수도 있고 가족들과 같이 할 수도 있어요.

색칠하다

퍼즐을 맞추다

식물을 키우다

새단어 결정하다 | 문화체험 | 목소리 | 노력하다 | 시간이 가다 | 색칠하다 | 퍼즐(puzzle) | 맞추다 | 식물 | 키우다

여러분은 소개하고 싶은 취미가 있습니까? 다음을 읽고 대답해 보세요.

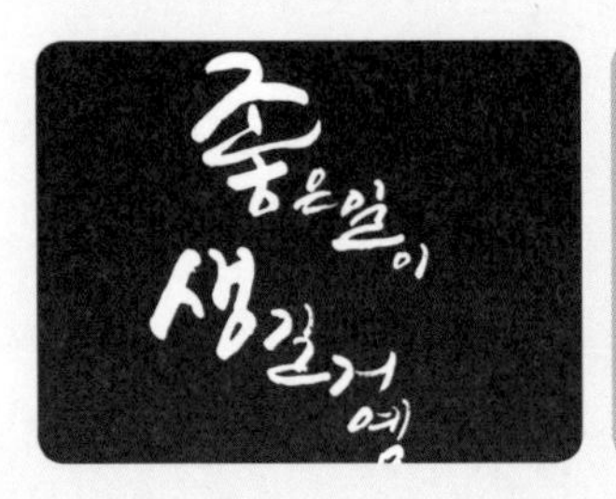
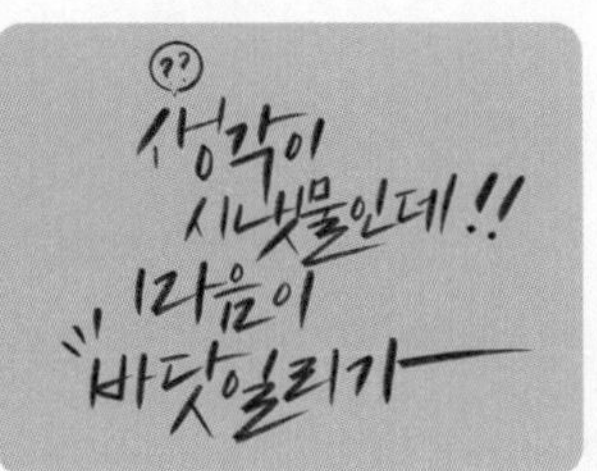

여러분, 캘리그래피(calligraphy)를 아세요? 제 취미는 캘리그래피입니다. 이것은 특별한 펜으로 글씨를 쓰는 것입니다. 저는 한국에 와서 캘리그래피를 처음 봤습니다. 한글로 쓴 글씨가 예뻐서 저도 배우고 싶었습니다. 그래서 요즘 1주일에 한 번 캘리그래피를 배우고 있습니다. 저는 다양한 캘리그래피를 보고 펜으로 쓰는 연습부터 시작했습니다. 처음에는 잘 쓸 줄 몰라서 글씨가 예쁘지 않았습니다. 그래서 제가 글씨를 쓸 때 선생님께서 많이 도와주셨습니다. 여러 번 써 보니까 처음보다 글씨 모양이 괜찮았습니다. 펜으로 쓰는 것이 어려웠지만 재미있었습니다.

캘리그래피를 배운 지 벌써 6개월이 되었습니다. 이제는 저만의 캘리그래피를 만들어서 친구들에게 선물도 합니다. 한국어로 쓰니까 한국어 공부도 할 수 있고 시간도 빨리 가서 좋습니다. 지금은 캘리그래피 동아리에서 활동하고 있습니다. 많은 사람들과 함께하니까 즐겁습니다. 방학 때는 동아리 사람들과 작은 전시회도 열까 합니다. 취미가 있어서 유학 생활이 더 재미있습니다. 여러분도 취미를 가져 보세요!

1 이 사람의 취미는 무엇입니까?

____

2 맞는 것을 고르세요.

① 이 사람에게 캘리그래피를 가르쳐 준 사람은 친구입니다.
② 이 사람은 처음에 펜으로 글씨를 쓰는 것이 어려웠습니다.
③ 이 사람은 여러 사람들과 같이 활동하는 것을 싫어합니다.
④ 이 사람은 6개월 전에 캘리그래피 동아리에 가입했습니다.

새단어 캘리그래피 | 특별하다 | 펜 | 글씨 | 모양 | 벌써 | 이제 | 전시회 | 가지다

 여러분의 취미는 무엇입니까? 취미를 소개하는 글을 써 보세요.

① 취미가 무엇입니까?

② 언제부터 취미 활동을 했습니까?

③ 그 취미 활동을 하면 무엇이 좋습니까?

④ 어떤 사람들에게 그 취미를 추천하고 싶습니까?

제 취미는

새단어 추천하다

의지

-(으)ㄹ 거예요 vs -(으)려고 하다 vs -(으)ㄹ까 하다

1 뜻이 어떻게 다를까요?

문법	예	의미
-(으)ㄹ까 하다	• 라면을 먹을까 해요.	▶ 아직 잘 모르겠지만 이렇게 생각하고 있어요.
-(으)려고 하다	• 라면을 먹으려고 해요.	▶ 특별한 일이 없으면 이렇게 해요.
-(으)ㄹ 거예요	• 라면을 먹을 거예요.	▶ 꼭 이렇게 해요.

2 계획을 세웠어요. 어떻게 이야기하면 좋을까요?

-(으)ㄹ 거예요 〉 -(으)려고 하다 〉 -(으)ㄹ까 하다

3 의문문을 사용할 수 있을까요?

-(으)ㄹ까 하다 (2과)	-(으)ㄹ 거예요 (1B 9과) -(으)려고 하다 (1B 15과)
▶ -(으)ㄹ까 해요? (×) 가 저녁에 뭐 먹을까 해요? (×) → 먹을 거예요? 나 라면을 먹을까 해요. (○)	▶ -(으)ㄹ 거예요? (○) ▶ -(으)려고 해요? (○) • 가 저녁에 뭐 먹을 거예요? (○) 나 라면을 먹을 거예요. • 가 저녁에 뭐 먹으려고 해요? (○) 나 라면을 먹으려고 해요.

한국인의 취미

한국 사람들이 좋아하는 취미는 무엇일까요?

한국에는 산이 많아서 등산을 자주 합니다.

1위 등산

2위 음악 감상

운동·헬스

한국 사람들은 평소에 운동을 자주 합니다. 헬스장, 태권도장, 요가 학원, 수영장 등을 다닙니다. 공원에서 운동하는 사람들도 많습니다.

한국은 IT 기술이 발달했습니다. 세계에서 인터넷 속도가 가장 빠르고 스마트폰을 사용하는 사람들도 많습니다. 컴퓨터나 스마트폰으로 게임을 많이 합니다.

3위 게임

4위 독서

5위 영화감상

TV 시청

스마트기기나 TV로 여러 나라의 영화나 드라마를 보는 사람이 많습니다. 내가 원하는 시간에 보고 싶은 것을 볼 수 있습니다.

한국 사람이 좋아하는 스포츠 1위는 축구입니다. 월드컵 경기를 하면 모두 함께 응원합니다.

6위 낚시

축구

여행

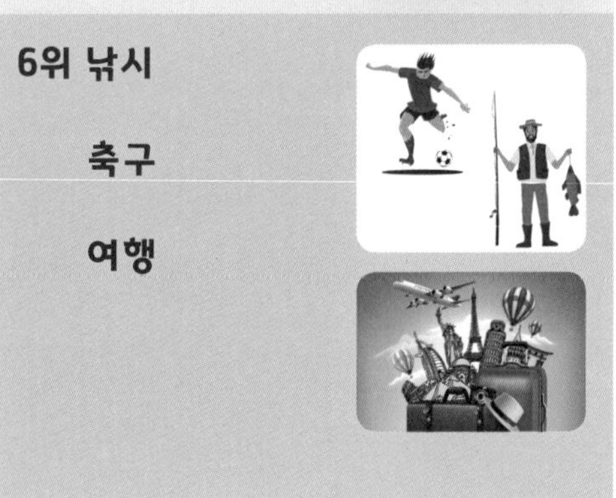

출처 : 한국 갤럽 (2019)

새단어 –위 | 평소 | 태권도장 | 기술 | 발달하다 | 속도 | 시청 | 스마트기기 | 스포츠 | 월드컵(WorldCup) | 응원하다

Unit 3

여보세요? 조엔 씨 휴대폰이지요?

학습목표

어휘	전화 전화 표현
문법과 표현 1	A/V–지요?, N(이)지요?
문법과 표현 2	A–(으)ㄴ데요, V–는데요, N인데요
말하기 1	전화로 약속 바꾸기
문법과 표현 3	A–(으)ㄴ가요?, V–나요?, N인가요?
문법과 표현 4	V–는 중이다, N 중이다
말하기 2	전화로 문의하기
듣고 말하기	모임에 대한 전화 대화 듣기 음성 메시지 남기기
읽고 쓰기	스마트폰 기능에 대한 글 읽기 나의 스마트폰 이용에 대한 글 쓰기
발음	'의' 발음

들어요

3-1

루카스	여보세요? 조엔 씨 휴대폰이지요?
조 엔	네, 그런데요.
루카스	안녕하세요? 저 루카스예요. 지금 통화 괜찮으세요?
조 엔	네, 루카스 씨. 그런데 오늘 왜 학교에 안 왔어요?
루카스	감기에 걸려서 못 갔어요. 혹시 오늘 숙제가 있나요? 좀 가르쳐 주세요.
조 엔	알겠어요. 그런데 지금 친구하고 저녁을 먹는 중이에요.
루카스	그래요? 그럼 제가 이따가 다시 전화할까요?
조 엔	아니에요. 제가 한 시간쯤 후에 전화할게요.
루카스	네, 알겠어요. 고마워요.

1. 루카스 씨는 오늘 왜 결석했어요?
2. 조엔 씨는 지금 무엇을 하고 있어요?
3. 루카스 씨는 무엇을 알고 싶어서 전화했어요?

어휘

전화

전화를 걸다

전화가 오다

전화를 받다

전화를 바꾸다

통화하다

전화를 끊다

가 지금 통화할 수 있어요?

나 네, 괜찮아요.

문자 메시지를 보내다

문자 메시지를 받다

문자 메시지를 지우다

음성 메시지를 남기다

음성 메시지를 확인하다

영상통화를 하다

전화 표현

여보세요?

미린 씨 좀 바꿔 주세요

빅토르 씨 좀 부탁합니다

메모 좀 남겨 주세요

나중에 다시 걸겠습니다

몇 번에 전화 거셨어요?

전화 잘못 거셨어요

통화 중이에요

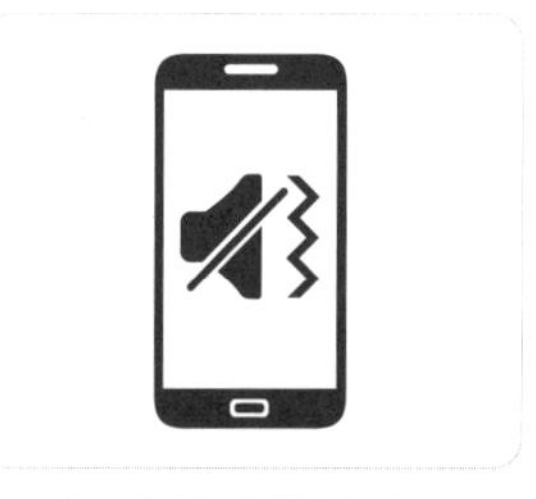

진동으로 해요

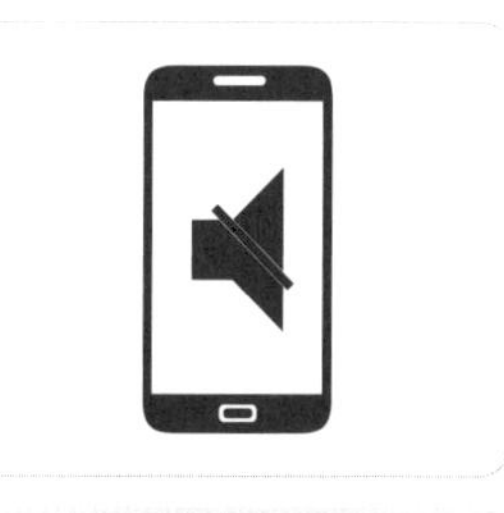

무음으로 해요.

배터리가 없어요

문법과 표현 1

A/V-지요?, N(이)지요?

- 가 오늘 날씨가 좋지요?
  나 네, 좋아요.
- 가 미린 씨는 베트남에서 왔지요?
  나 네, 베트남에서 왔어요.
- 가 여보세요? 조엔 씨 휴대폰이지요?
  나 네, 맞습니다.

받침 O, ×	좋지요? 가지요?

받침 O	휴대폰이지요?
받침 ×	가수지요?

보기 와 같이 이야기해 보세요.

보기

꽃, 예쁘다

가 꽃이 예쁘지요?
나 네, 예뻐요.

① 
옷, 크다

② 
영화, 재미있다

③ 
비, 오다

④ 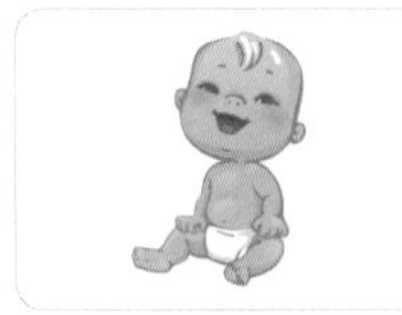
아기, 웃다

보기 와 같이 이야기해 보세요.

보기

가 장홍 씨는 중국에서 왔지요?
나 네, 중국에서 왔어요.

✓① **장홍 씨는 중국에서 왔다**
② 회사 일이 많아서 피곤했다
③ 어제 저녁에 한국 음식을 먹었다
④ 작년 여름에 아주 더웠다
⑤ 지난 시간에 한국 요리를 배웠다
⑥ 어릴 때 장난감을 많이 갖고 싶었다

새단어 아기 | 웃다 | 장난감

보기 와 같이 이야기해 보세요.

보기

가 어학원 전화번호가 구칠공에 구이이공이지요?
나 네, 맞아요. 구칠공에 구이이공이에요.

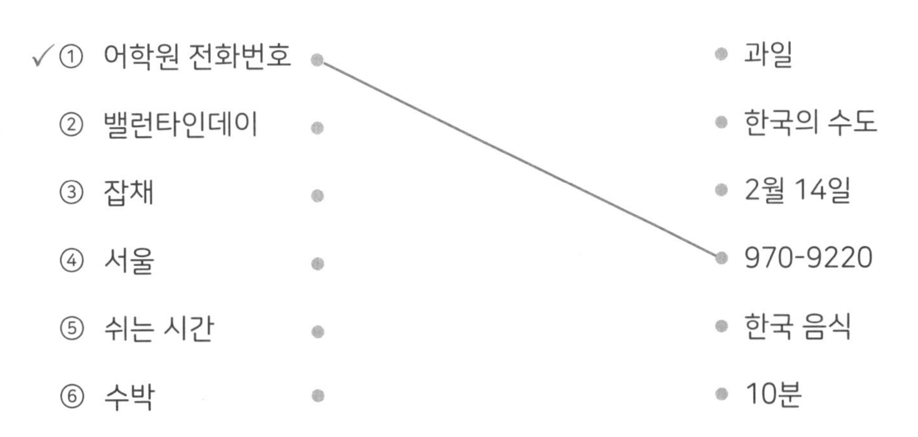

✓ ① 어학원 전화번호	과일
② 밸런타인데이	한국의 수도
③ 잡채	2월 14일
④ 서울	970-9220
⑤ 쉬는 시간	한국 음식
⑥ 수박	10분

보기 와 같이 이야기해 보세요.

보기

· 이름: 자르갈
· 국적: 몽골
· 직업: 서울과학기술대학교 학생
· 특징: 머리가 길다

가 자르갈 씨지요?	나 네, 자르갈 씨예요.
가 몽골에서 왔지요?	나 네, 몽골에서 왔어요.
가 서울과학기술대학교에 다니지요?	나 네, 서울과학기술대학교에 다녀요.
가 머리가 길지요?	나 네, 머리가 길어요.

①

· 이름: BTS
· 국적: 한국
· 직업: 가수
· 특징: 춤을 잘 추다, ______?______

②

· 이름: 에디슨
· 국적: 미국
· 직업: 과학자
· 특징: 똑똑하다, ______?______

새단어 수도[1] | 특징 | 에디슨 | 과학자 | 똑똑하다

문법과 표현 2

A-(으)ㄴ데요, V-는데요, N인데요

- 가 내일 시간 있어요?
  나 내일은 좀 바쁜데요.
- 가 손님, 어떤 옷을 찾으세요?
  나 청바지를 찾는데요.
- 가 여보세요? 거기 서울과학기술대학교지요?
  나 네, 서울과학기술대학교인데요.

A	받침 O	좋은데요
	받침 ×	예쁜데요
V	받침 O, ×	먹는데요 가는데요
N	받침 O, ×	형인데요 친구인데요

 보기 와 같이 이야기해 보세요.

보기

가 지금 뭐 하세요?
나 도서관에 가는데요. 왜요?

① 

② 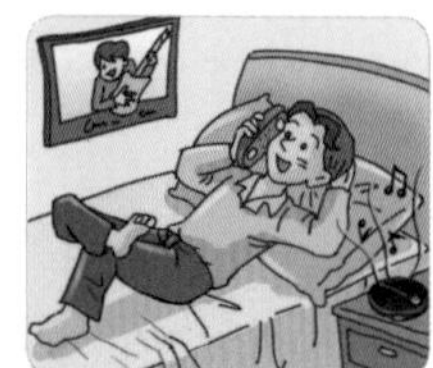

③ 

④ 

보기 와 같이 이야기해 보세요.

보기

가 이 가방 어때요?
나 생각보다 작은데요.

① 

② 

③ 

④ 

보기 와 같이 이야기해 보세요.

보기

가 선우 씨는 어디에 갔어요?
나 집에 갔는데요.

✓ ① **선우 씨는 어디에 갔어요?**	도서관에 있다
② 언제 한국에 왔어요?	조금 쌀쌀하다
③ 어제 날씨가 어땠어요?	✓ **집에 가다**
④ 하루 종일 어디에 있었어요?	별로 어렵지 않다
⑤ 지난 주에 본 시험이 어땠어요?	3개월 전에 오다

보기 와 같이 이야기해 보세요.

보기

가 줄리 씨 휴대폰이지요?
나 네, 전데요.

✓ ① 줄리 씨 휴대폰이지요?	무슨 일인데요?
② 실례지만 누구세요?	네, 전데요.
③ 거기가 어학원이에요?	아닌데요. 전화 잘못 거셨어요.
④ 선생님, 급한 일이 있어서 전화했어요.	저는 하경 씨 친구 줄리인데요.

새단어 하루 종일 | 별로 | 급하다

말하기 1

1 보기 와 같이 이야기해 보세요.

보기

폴	여보세요? 줄리 씨 휴대폰이지요?
줄리	네, 그런데요. 누구세요?
폴	저 폴인데요. 지금 통화 괜찮아요?
줄리	네, 폴 씨. 무슨 일이에요?
폴	우리 금요일에 한국 민속촌에 가기로 했지요? 그런데 급한 일이 생겼어요. 미안하지만 토요일에 갈 수 있어요?
줄리	토요일에는 시간이 없는데요. 일요일은 어때요?
폴	좋아요. 일요일 오후 1시에 만날까요?
줄리	네, 괜찮아요. 배고프니까 먼저 점심을 먹고 구경해요.
폴	그래요. 줄리 씨도 한식을 잘 먹지요?
줄리	네, 한식을 잘 먹어요. 우리 한국 민속촌 근처에 있는 한식당에 가요.

보기	①	②
그렇다	맞다	저
한국 민속촌	한글 박물관	한옥 마을
시간이 없다	바쁘다	아르바이트를 하다
한식을 잘 먹다	중식을 좋아하다	일식을 먹어 봤다
한식당	중식당	일식당

2 친구하고 한 약속을 바꾸고 싶습니다. 친구하고 전화로 이야기해 보세요.

여보세요? ○○ 씨 휴대폰이지요?

네, 전데요.

〈친구하고 한 약속〉

날짜	5월 10일 토요일
시간	오후 1시
장소	명동역

→

〈바꾸려고 하는 약속〉

왜?	
어떻게?	· 날짜: · 시간: · 장소:

새단어 한국 민속촌 | 한글 박물관 | 한옥 마을

문법과 표현 3

A-(으)ㄴ가요?, V-나요?, N인가요?

- 한국 친구가 많은가요?
- 몇 시에 학교에 가나요?
- 점심에 무엇을 먹었나요?
- 미린 씨, 전화번호가 몇 번인가요?

A	받침 O	작은가요?
	받침 ×	큰가요?
V	받침 O, ×	읽나요? 보나요?
N	받침 O, ×	동생인가요? 친구인가요?

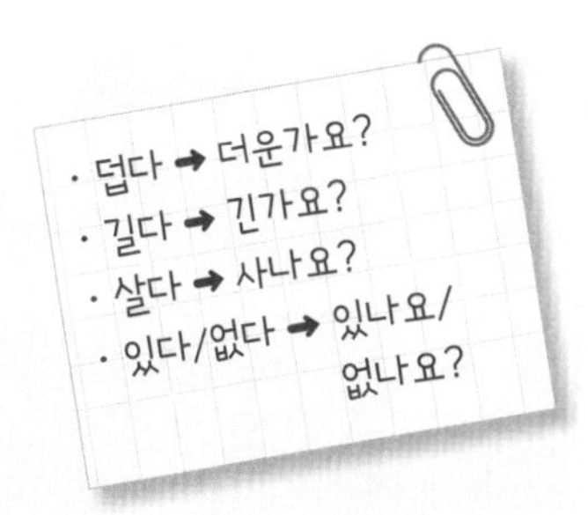

보기 와 같이 이야기해 보세요.

보기

가 기타 치는 것을 좋아하나요?

O ×

나 네, 좋아해요. 아니요, 안 좋아해요.

✓① **기타 치는 것을 좋아하다**
② 집이 학교에서 멀다
③ 근처에 약국이 있다
④ 폴 씨가 요리사이다
⑤ 어제 본 시험이 쉬웠다
⑥ 지난 주말에 친구를 만났다

보기 와 같이 스무고개를 해 보세요.

✓ **좋아하는 음식** | 우리반 친구 | ?

	질문	대답
1	한국 음식인가요?	네.
2	매운가요?	네.
3	고기로 만드나요?	아니요.
	⋮	⋮
10	떡볶이인가요?	네, 맞아요.

새단어 스무고개

문법과 표현 4

V-는 중이다, N 중이다

- 지금 밥을 먹는 중이에요.
- 친구를 기다리는 중이에요.
- 수업 중이니까 조용히 하세요.

- 가 빅토르 씨 좀 바꿔 주세요.
- 나 지금 통화 중인데요.

V	받침 O, ×	먹는 중이다 가는 중이다
N	받침 O, ×	외출 중이다 공사 중이다

 보기 와 같이 이야기해 보세요.

보기

미린 씨

가 미린 씨는 무엇을 하고 있어요?
나 책을 읽는 중이에요.

① 
루카스 씨

② 
장홍 씨

③ 
줄리 씨

④ 
조엔 씨

 보기 와 같이 이야기해 보세요.

보기

가 지금 통화 괜찮아요?
나 미안해요. 지금 운동 중이에요.
가 그럼 이따가 다시 전화할게요.

① 

② 

③ 

④ 

새단어 외출 | 공사

말하기 2

1 **보기** 와 같이 이야기해 보세요. ▶ 3-3

보기

미 린	여보세요? 거기 노원 스포츠 센터지요?
직 원	네, 맞습니다.
미 린	수영을 배우려고 하는데요. 어떻게 하면 되나요?
직 원	홈페이지에서 신청하시거나 직접 오셔서 하시면 됩니다.
미 린	혹시 주말반이 있나요?
직 원	네, 지금 신청을 받는 중입니다. 주말반은 인기가 많으니까 서두르세요.
미 린	그래요? 신청할 때 뭐가 필요한가요?
직 원	신분증과 수강료가 필요합니다.
미 린	네, 알겠습니다. 감사합니다.

보기	①	②
노원 스포츠 센터	한국 요리 학원	즐거운 축구 교실
수영을 배우다	한국 요리 체험을 하다	회원 가입을 하다
신청을 받다	신청서를 접수하다	회원을 모집하다
신분증과 수강료	참가비	회비

2 여러분이 배우고 싶은 것이 있습니다. 다음을 보고 전화로 물어보세요.

여보세요? 거기 ○○○지요?

네, 맞습니다.

새단어 홈페이지 | 신청(을) 하다 | 인기 | 서두르다 | 필요하다 | 신분증 | 수강료 | 참가비 | 수강

듣고 말하기

3-4

여러분은 반 모임을 해 봤습니까? 다음을 듣고 대답해 보세요.

1 자르갈 씨는 왜 빅토르 씨에게 전화를 했습니까?

① 반 모임을 취소하려고
② 반 모임을 약속하려고
③ 반 모임 장소를 바꾸려고
④ 반 모임 시간을 알려 주려고

2 반 모임은 언제 어디에서 합니까?

____

3 맞는 것을 고르세요.

① 빅토르 씨는 회사에서 일하는 중입니다.
② 자르갈 씨는 폴 씨 집에 전화를 걸었습니다.
③ 빅토르 씨는 폴 씨에게 문자 메시지를 보낼 겁니다.
④ 자르갈 씨는 빅토르 씨에게 음성 메시지를 남겼습니다.

반 모임 약속을 바꾸려고 합니다. 그런데 친구가 전화를 받지 않습니다. 음성 메시지를 남겨 보세요.

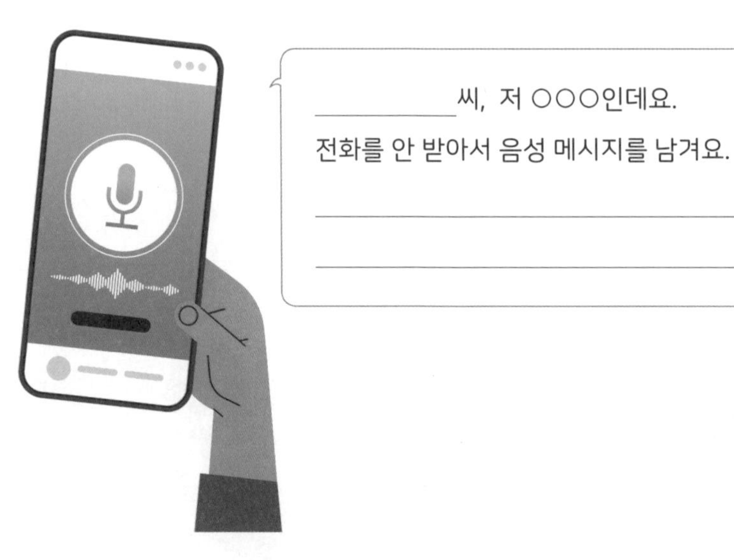

읽고 쓰기

◐ 여러분은 스마트폰으로 무엇을 합니까? 다음을 읽고 대답해 보세요.

스마트폰은 이제 우리 생활의 일부가 되었습니다. 스마트폰을 사용하면 많은 일을 쉽고 빨리 할 수 있습니다. 스마트폰은 인터넷 기능이 있어서 작은 컴퓨터를 손에 들고 있는 것과 같습니다. 스마트폰으로 인터넷을 검색하고 쇼핑, 게임, 인터넷 뱅킹, 동영상 시청, 길찾기 등을 합니다. 채팅 앱을 이용하면 여러 사람이 함께 대화할 수 있고 영상 통화도 할 수 있습니다. 요즘에는 SNS를 이용하는 사람들이 많습니다. SNS에 사진과 동영상을 올리고 여러 사람들과 연락합니다.

여러분은 스마트폰으로 무엇을 자주 합니까? 저는 한국어를 공부할 때 스마트폰을 이용합니다. 수업 중에 모르는 단어가 있으면 뜻을 찾거나 중요한 것을 메모합니다. 집에서는 인터넷 강의를 듣습니다. 특히 한국어 학습 앱으로 공부하면 아주 쉽고 재미있습니다. 그리고 SNS에 맛있는 음식과 여행 사진을 올립니다. 고향에 있는 가족과 친구들이 그 사진을 보고 자주 연락합니다. 저도 매일 SNS에서 친구들의 사진과 동영상을 봅니다. 그래서 한국 유학 생활이 외롭지 않습니다.

스마트폰은 매우 편리하고 좋은 친구입니다. 앞으로 스마트폰이 없는 생활은 생각할 수 없을 것 같습니다.

1 스마트폰은 왜 작은 컴퓨터를 손에 든 것과 같습니까?

____

2 글의 내용과 맞으면 ○, 틀리면 × 하세요.

① 스마트폰으로 모르는 길을 찾을 수 있습니다.

② 요즘에는 채팅 앱보다 SNS로 더 자주 연락합니다.

③ 채팅 앱에서 많은 사람이 함께 이야기할 수 있습니다.

④ SNS를 이용해서 한국어를 공부하는 사람이 많습니다.

새단어 스마트폰 | 일부 | 기능 | 검색하다 | 인터넷 뱅킹 | 길찾기 | 채팅 | 이용하다 | 대화하다 | 뜻 | 메모하다 | 강의 | 학습

여러분은 스마트폰을 어떻게 사용합니까? 나의 스마트폰 이용에 대해서 글을 써 보세요.

스마트폰으로 무엇을 많이 합니까?	• • •
왜 그것을 많이 합니까?	• • •

'의' 발음 3-5

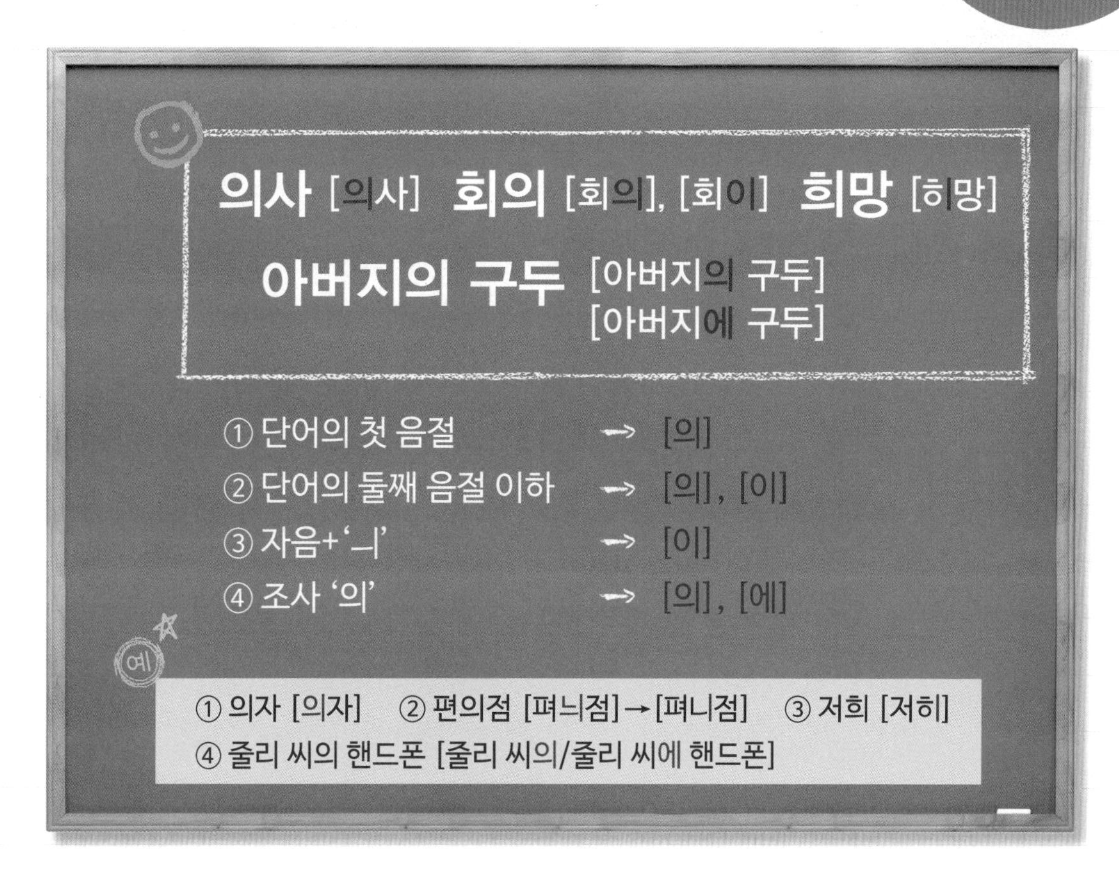

들어 보세요.

① 의미 ② 문의 ③ 무늬 ④ 친구의 문자 메시지

듣고 따라해 보세요.

① 새 의자를 사고 싶습니다.

② 잘 모르면 사무실에 문의해 보세요.

③ **가** 서울 쇼핑입니다. 고객님, 무엇을 도와 드릴까요?
나 3일 전에 흰색 티셔츠를 주문했는데요. 갈색 티셔츠를 받았어요.
가 네, 잠시만 기다려 주세요. 확인해 보겠습니다.

④ **가** '어머니의 여동생'을 한국어로 뭐라고 해요?
나 '이모'라고 해요.

새단어 저희 | 의미 | 무늬 | 흰색 | 이모

Unit 4

저는 죽을 먹어 본 적이 없어요

학습목표

- **어휘** 요리 재료
요리법
요리 도구
- **문법과 표현 1** A/V-기 때문에, N 때문에
- **문법과 표현 2** V-(으)ㄴ 적이 있다/없다
- **말하기 1** 자주 먹는 음식에 대해 말하기
- **문법과 표현 3** 'ㅅ' 불규칙
- **문법과 표현 4** V-고 나서
- **말하기 2** 요리법에 대해 말하기
- **듣고 말하기** 한식에 대한 인터뷰 듣기
인기 있는 음식에 대해 말하기
- **읽고 쓰기** 요리법에 대한 글 읽기
요리법에 대한 글 쓰기
- **문화** 특별한 날에 먹는 음식

들어요

4-1

자르갈	선우 씨, 한국 사람들은 아플 때 보통 뭘 먹어요?
선 우	죽을 먹어요. 죽은 소화가 잘되기 때문에 아픈 사람에게 좋아요.
자르갈	저는 죽을 먹어 본 적이 없어요. 맛이 어때요?
선 우	부드럽고 맵지 않아서 아이도 먹을 수 있어요.
자르갈	네, 죽은 어떻게 만들어요? 친구가 감기에 걸려서 만들어 주고 싶어요.
선 우	아주 쉬워요. 먼저 냄비에 쌀을 넣고 물을 부으세요. 물이 끓으면 채소를 넣고 나서 천천히 저어 주세요.
자르갈	어렵지 않네요. 집에 있는 재료로 만들 수 있고요.
선 우	맞아요. 자르갈 씨가 만든 죽을 먹으면 친구가 곧 나을 거예요.

1. 한국 사람들은 아플 때 무슨 음식을 먹어요?
2. 죽은 맛이 어때요?
3. 자르갈 씨는 왜 죽을 만들려고 해요?

어휘

요리 재료

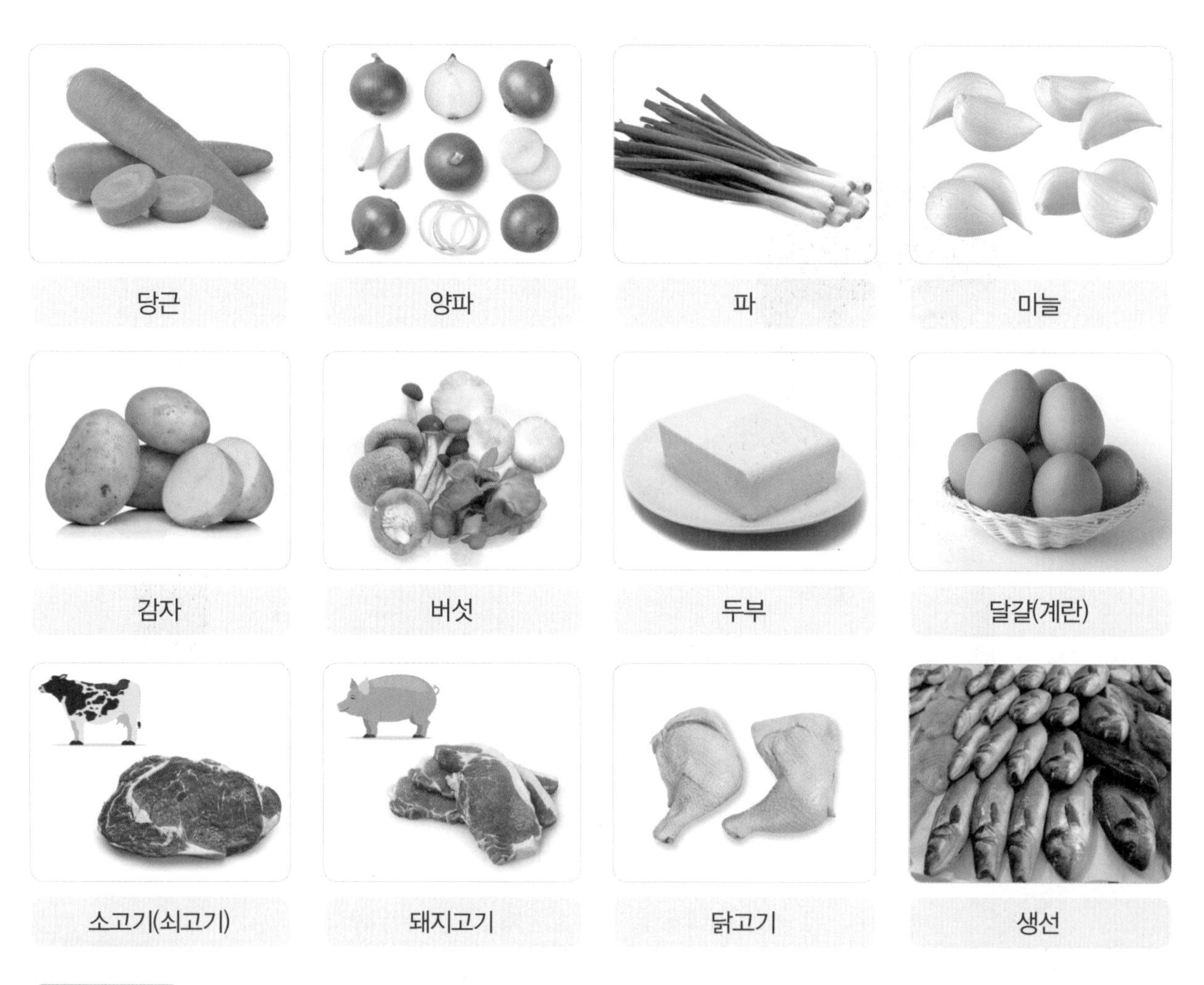
당근
양파
파
마늘
감자
버섯
두부
달걀(계란)
소고기(쇠고기)
돼지고기
닭고기
생선

양념
간장
된장
고추장
SALT
소금
sugar
설탕
vinegar
식초
참기름
식용유

요리법

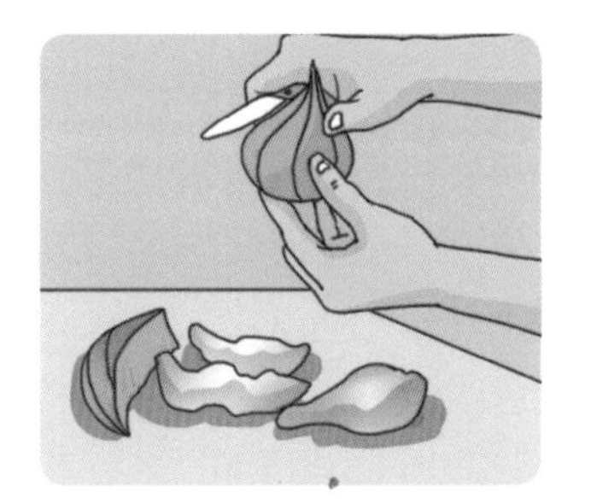
다듬다

썰다

섞다

끓이다

굽다

볶다

요리 도구

냄비

프라이팬

칼

도마

문법과 표현 1

A/V-기 때문에, N 때문에

- 내일은 약속이 많기 때문에 바쁠 거예요.
- 저는 한국 문화를 좋아하기 때문에 한국에 왔습니다.
- 아침에 늦게 일어났기 때문에 회사에 지각했어요.
- 감기 때문에 저녁 약속을 취소했어요.

A/V	받침 O, ×	작기 때문에 마시기 때문에
N	받침 O	주말이기 때문에
	받침 ×	친구기 때문에
	받침 O, ×	일 때문에, 날씨 때문에

보기 와 같이 이야기해 보세요.

보기

명동에서 옷을 사다/예쁘다

가 왜 명동에서 옷을 사요?
나 예쁘기 때문에 명동에서 옷을 사요.

① 

이사하다
/학교가 멀다

② 

뛰어가다/우체국이
6시에 문을 닫다

③ 

도서관에 가다
/책을 빌려야 하다

④ 
한국어를 잘 못하다
/외국인이다

보기 와 같이 이야기해 보세요.

보기
가 어제 왜 결석했어요?
나 배탈이 났기 때문에 결석했어요.

✓① **어제 왜 결석했어요?**
② 왜 기분이 안 좋아요?
③ 왜 선생님한테 혼났어요?
④ 왜 용돈이 부족해요?
⑤ 우리 같이 케이크를 먹을까요?

새단어 늦게 | 이사하다 | 뛰어가다 | 잘 못하다 | 외국인 | 결석하다 | 혼나다 | 부족하다

보기 와 같이 이야기해 보세요.

보기

가 왜 잠을 못 잤어요?
나 시험공부 때문에 못 잤어요.

✓① 잠을 못 잤다		교통사고
② 길이 복잡하다		아르바이트
③ 요즘 많이 바쁘다		날씨
④ 등산을 안 갔다		비자 문제
⑤ 오늘 출입국·외국인사무소에 가다		시험공부

보기 와 같이 이야기해 보세요.

보기

가 미린 씨, 왜 일찍 일어났어요?
나 월요일이기 때문에 일찍 일어났어요.

✓①

②

③

④

⑤

⑥

새단어 교통사고 | 출입국 · 외국인사무소

문법과 표현 2

V-(으)ㄴ 적이 있다/없다

- 저는 부산에 간 적이 있어요.
- 한국 신문을 읽은 적이 없어요.
- 가 한국 요리를 해 본 적이 있어요?
  나 아니요, 아직 해 본 적이 없어요.

V	
받침 ○	먹은 적이 있다/없다
받침 ×	간 적이 있다/없다

- 돕다 → 도운 적이 있다/없다
- 살다 → 산 적이 있다/없다
- 듣다 → 들은 적이 있다/없다

보기 와 같이 이야기해 보세요.

보기

한복, 입다

가 한복을 입은 적이 있어요?

○ 나 네, 입은 적이 있어요.

× 아니요, 입은 적이 없어요.

① 
유명한 사람, 만나다

② 
장학금, 받다

③ 

외국어, 배우다

④ 
케이크, 만들다

보기 와 같이 이야기해 보세요.

보기

가 한국어 수업에 늦은 적이 있어요?
나 네, 30분 늦은 적이 있어요.
가 왜요?
나 늦잠을 자서 늦었어요.

✓ ① **한국어 수업에 늦은 적이 있어요?**
② 부모님께 거짓말을 한 적이 있어요?
③ 다른 사람에게 실수한 적이 있어요?
④ 친구하고 싸운 적이 있어요?
⑤ 술을 많이 마신 적이 있어요?

새단어 장학금 | 거짓말(을) 하다 | 실수하다 | 싸우다

말하기 1

▶ 4-2

1 보기 와 같이 이야기해 보세요.

보기

조엔　장홍 씨, 학교 근처에 좋은 빵집 좀 알려 주세요.

장홍　학교 앞 사거리에 있는 우리 빵집 아세요?

조엔　본 적은 있지만 가 본 적은 없어요. 거기는 뭐가 맛있어요?

장홍　에그 샌드위치가 싸고 맛있어요.

조엔　에그 샌드위치 맛이 어때요?

장홍　감자와 계란이 들어가기 때문에 부드럽고 소화가 잘돼요.
조엔 씨도 한번 가 보세요.

조엔　네, 저도 한번 가 볼게요. 알려 줘서 고마워요.

보기	①	②
빵집	한식당	찻집
가 보다	음식을 먹어 보다	차를 마셔 보다
에그 샌드위치	순두부찌개	레몬차
감자와 계란이 들어가다/ 부드럽고 소화가 잘되다	양념에 고춧가루가 들어가다/ 조금 맵지만 부드럽다	레몬이 많이 들어가다/ 조금 시지만 몸에 좋다

2 여러분이 자주 먹는 음식은 무엇입니까? 친구와 이야기해 보세요.

저는 학교 앞 한식당에서 비빔밥을 자주 먹어요.
비빔밥에는 여러 가지 채소와 고기가 들어가기 때문에 건강에 좋아요.
매운 맛을 싫어하면 고추장을 조금 넣으세요.

질문	나	________씨
자주 먹는 음식 이름이 뭐예요?		
어디에서 그 음식을 먹어요?		
그 음식에는 뭐가 들어가요?		

새단어 에그 샌드위치 | (재료가) 들어가다 | 부드럽다 | 소화가 잘되다 | 알려 주다 | 순두부찌개 | 고춧가루

문법과 표현 3

'ㅅ' 불규칙

- 삼기가 안 나아서 걱정이에요.
- 물을 부은 다음에 잘 저어 주세요.
- 이 집은 10년 전에 지었이요.

받침 ㅅ + 모음 → 받침 ㅅ(탈락) + 모음	나았어요

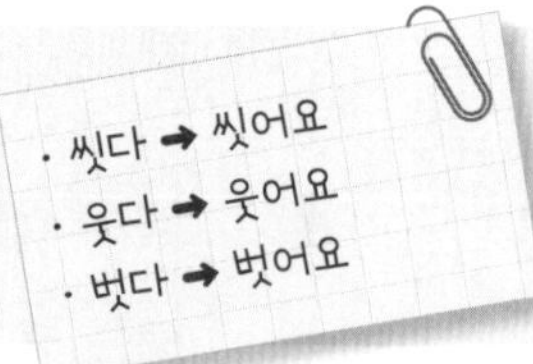

보기 와 같이 이야기해 보세요.

보기

가 야식으로 라면을 먹을까요?
나 지금 먹으면 얼굴이 부으니까 먹지 마세요.

✓**붓다**　　낫다　　짓다　　웃다　　젓다

① 가: 이 기숙사는 언제 지었어요?
나: 작년에 ________ -아서/어서 아주 깨끗해요.

② 가: 두통은 좀 어때요?
나: 어제 푹 쉬었지만 아직 ________ -지 않았어요.

③ 가: 김치찌개가 짜면 어떻게 해야 돼요?
나: 물을 조금 더 ________ -고 끓이세요.

④ 가: 죄송하지만 사진 좀 찍어주세요.
나: 네, 여기를 보고 모두 ________ -(으)세요.

⑤ 가: 커피가 써서 못 마시겠어요.
나: 그럼 설탕을 넣고 ________ -(으)ㄴ 후에 마셔 보세요.

새단어 붓다 | 젓다 | 짓다 | 야식 | 두통

문법과 표현 4

V-고 나서

- 수업이 끝나고 나서 점심을 먹어요.
- 프라이팬에 재료를 넣고 나서 볶아 주세요.
- 공원에서 산책하고 나서 쉬었어요.

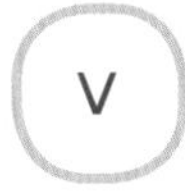

V	
받침 O, ×	먹고 나서 만나고 나서

보기 와 같이 이야기해 보세요.

보기

가 언제 약을 먹어요?
나 식사하고 나서 먹어요.

① 언제 동아리 모임에 갈까요?

② 라면을 어떻게 끓여요?

③ 지하철을 탈 때 어떻게 해야 해요?

④ 수영하기 전에 뭘 해야 해요?

⑤ 어제 뭐 했어요?

⑥ 언제 고향에 돌아갈 거예요?

말하기 2

1 보기 와 같이 이야기해 보세요.

보기

줄리	선우 씨, 떡볶이를 만드는 방법 좀 가르쳐주세요.
선우	먼저 냄비에 물을 부은 후에 양념을 넣고 끓이세요.
줄리	그 다음은요?
선우	떡과 채소를 넣고 나서 더 끓이면 돼요.
줄리	어렵지 않네요. 저도 만들 수 있겠어요. 그런데 떡볶이를 더 맛있게 먹는 방법이 있어요?
선우	네, 떡볶이에 치즈를 넣으면 더 맛있으니까 한번 해 보세요.
줄리	고마워요. 주말에 한번 만들어 볼게요.

보기	①	②
떡볶이	김밥	김치볶음밥
냄비에 물을 붓다/ 양념을 넣고 끓이다	밥을 짓다/ 채소를 썰어서 볶다	프라이팬에 식용유를 조금 붓다/ 김치를 볶다
떡과 채소를 넣다/ 더 끓이다	김 위에 밥과 채소를 올리다/ 싸다	밥을 넣다/조금 더 볶다
치즈를 넣다	참기름을 바르다	계란 프라이를 넣다

2 음식을 더 맛있게 먹는 방법을 알고 있습니까? 친구와 이야기해 보세요.

감자튀김을 어떻게 먹으면 더 맛있어요?

감자튀김을 고추장과 마요네즈를 섞은 소스와 같이 먹으면 더 맛있게 먹을 수 있어요.

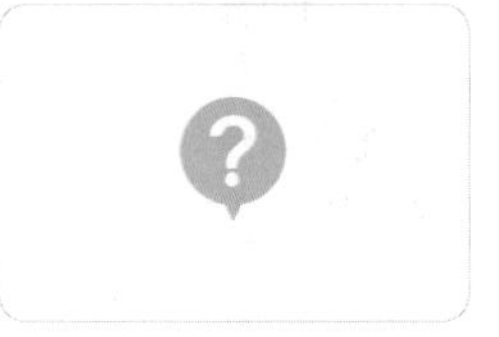

새단어 떡 | 치즈 | 올리다[1] | (음식을) 싸다 | 바르다 | 김치볶음밥 | 계란 프라이 | 마요네즈 | 소스

듣고 말하기

여러분은 어떤 한국 음식을 좋아합니까? 다음을 듣고 대답해 보세요.

1 여자의 직업은 무엇입니까?

____

2 여자가 잡채를 추천한 이유는 무엇입니까?

① 퓨전 음식이기 때문에
② 잡채 요리법이 쉽기 때문에
③ 한국인의 입맛에 잘 맞기 때문에
④ 다양한 재료를 한 번에 먹을 수 있기 때문에

3 맞는 것을 고르세요.

① 여자가 이 식당을 시작한 지 3년이 되었습니다.
② 불고기 버거와 잡채는 한국의 전통 음식입니다.
③ 한식은 맛있고 건강에도 좋아서 인기가 많습니다.
④ 여자는 외국 손님들에게 요리법을 직접 가르쳐 줍니다.

외국인에게 인기가 있는 고향 음식이 무엇입니까? 친구와 이야기해 보세요.

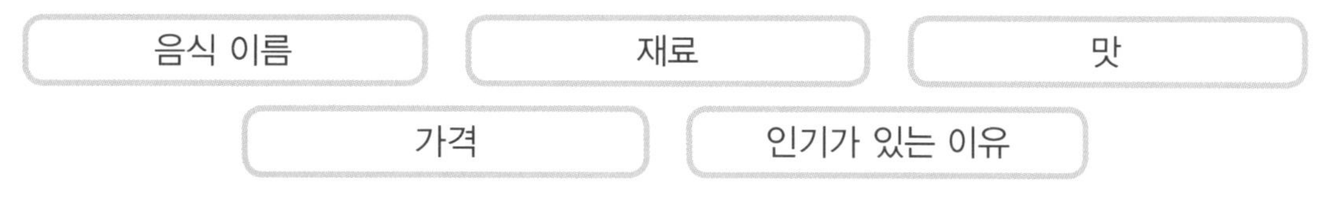

베트남에서 외국인에게 인기가 있는 음식은 '쌀국수'예요. '쌀국수'는 면과 고기로 만들어요. 가격도 싸고 국물이 맛있어서 외국인들의 입맛에 잘 맞아요.

새단어 여행자 | 늘다 | 버거 | 퓨전 음식 | 입맛에 맞다 | 면 | 인터뷰하다 | 쌀국수 | 국물

읽고 쓰기

◐ 여러분은 한국 음식을 만들어 본 적이 있습니까? 다음을 읽고 대답해 보세요.

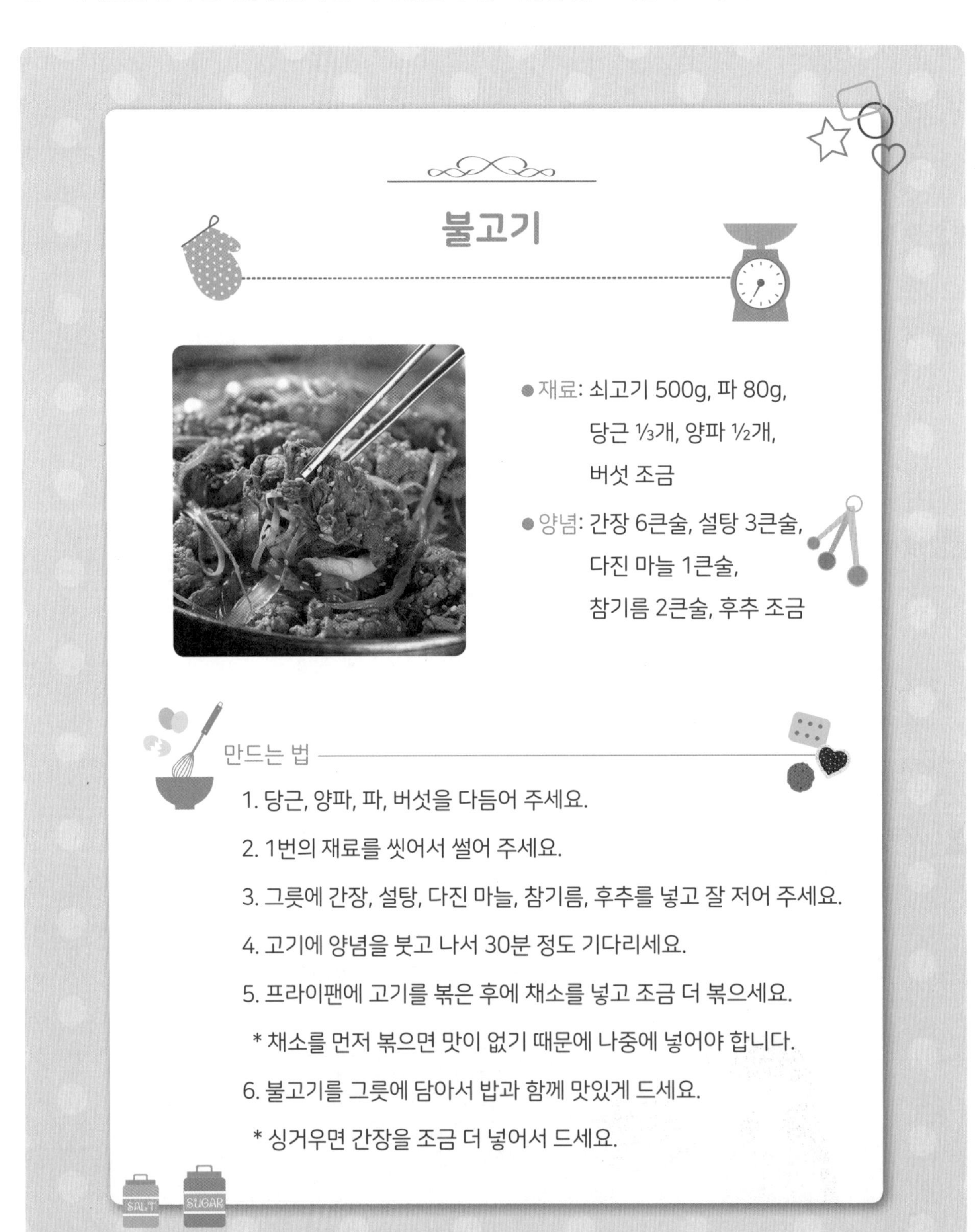

불고기

● 재료: 쇠고기 500g, 파 80g, 당근 1/3개, 양파 1/2개, 버섯 조금

● 양념: 간장 6큰술, 설탕 3큰술, 다진 마늘 1큰술, 참기름 2큰술, 후추 조금

만드는 법

1. 당근, 양파, 파, 버섯을 다듬어 주세요.
2. 1번의 재료를 씻어서 썰어 주세요.
3. 그릇에 간장, 설탕, 다진 마늘, 참기름, 후추를 넣고 잘 저어 주세요.
4. 고기에 양념을 붓고 나서 30분 정도 기다리세요.
5. 프라이팬에 고기를 볶은 후에 채소를 넣고 조금 더 볶으세요.
   * 채소를 먼저 볶으면 맛이 없기 때문에 나중에 넣어야 합니다.
6. 불고기를 그릇에 담아서 밥과 함께 맛있게 드세요.
   * 싱거우면 간장을 조금 더 넣어서 드세요.

새단어 큰술 | 다진 마늘 | 후추 | 정도 | 나중에 | 담다

1 불고기를 만들 때 필요한 재료에 ✓표 하세요.

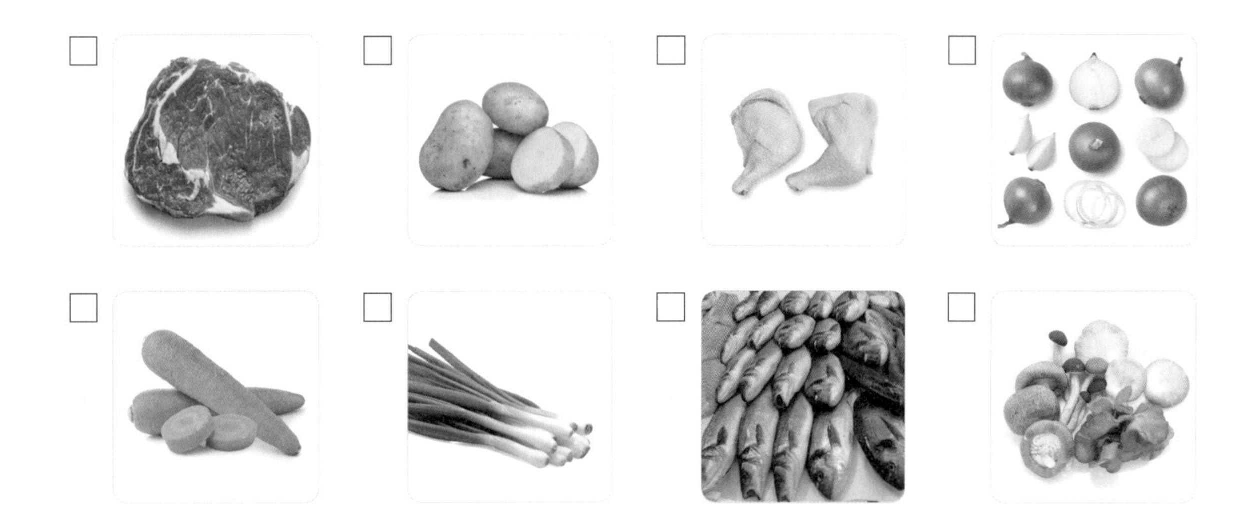

2 불고기를 만드는 순서에 맞게 번호를 쓰세요.

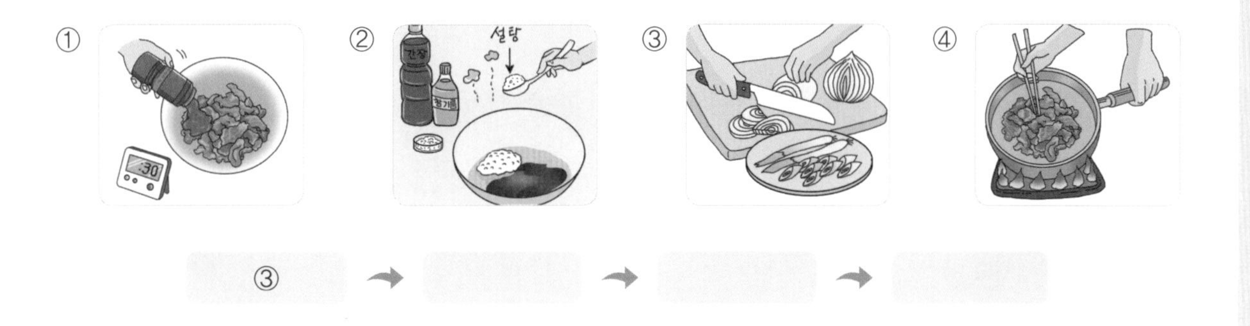

③ →   →   →

3 맞는 것을 고르세요.

① 불고기가 싱거우면 설탕을 더 넣어서 먹습니다.
② 불고기 양념에 간장이 들어가기 때문에 조금 맵습니다.
③ 불고기 양념은 따로 만들어서 고기에 붓고 조금 기다립니다.
④ 불고기를 볶을 때 채소를 먼저 넣은 다음에 고기를 넣습니다.

여러분이 좋아하는 음식은 무엇입니까? 그 음식의 요리법을 써 보세요.

● 재료:

● 양념:

만드는 법

1.

2.

3.

4.

5.

6.

SALT SUGAR

특별한 날에 먹는 음식

한국에는 특별한 날에 먹는 음식이 있습니다. 언제 이 음식을 먹을까요? 한번 생각해 보세요.

팥떡

미역국

국수

한국에서는 아이를 낳으면 **미역국**을 먹습니다. 미역이 어머니의 몸에 좋기 때문입니다. 그래서 한국 사람들은 **생일날**에 미역국을 먹고 어머니께 감사드립니다.

한국 사람들은 **이사하는 날**에 이웃에게 **팥떡**을 줍니다. 왜냐하면 팥떡에는 나쁜 일을 막는 의미가 있고 새 이웃과 인사도 할 수 있기 때문입니다.

한국 사람들은 **결혼식**에 가면 **국수**를 먹습니다. 국수는 면이 깁니다. 그래서 신랑과 신부 두 사람이 행복하게 오래 살기를 바라는 의미가 있습니다.

새단어 날 | 팥떡 | 국수 | 낳다 | 왜냐하면 | 막다 | 신랑 | 신부 | 바라다

Unit 5

창가 자리로 예약했으면 좋겠어요

학습목표

어휘	예약 예약 관련 어휘
문법과 표현 1	V-(으)려면
문법과 표현 2	N 대신(에)
말하기 1	관광 상품 예약하기
문법과 표현 3	A/V-았으면 좋겠다/었으면 좋겠다
문법과 표현 4	N밖에
말하기 2	예약 변경하기
듣고 말하기	비행기 표 예약하는 대화 듣고 말하기
읽고 쓰기	인터넷으로 예약하는 방법에 대한 글 읽기 인터넷으로 예약한 경험에 대한 글 쓰기
발음	자음동화 1

들어요

5-1

직원 안녕하십니까? 한국식당입니다.

줄리 다음 주 금요일 오후 5시에 예약을 하고 싶은데요.

직원 몇 분이 오실 겁니까?

줄리 4명이 갈 거예요. 그런데 창가 자리로 예약했으면 좋겠어요.

직원 네, 잠시만 기다리세요.

(잠시 후) 손님, 죄송하지만 그날은 창가 자리가 6시밖에 없습니다.

줄리 그럼 6시로 예약해 주세요.

직원 알겠습니다. 성함이 어떻게 되십니까?

줄리 줄리입니다.

직원 (잠시 후) 기다려 주셔서 감사합니다.
15일 금요일 오후 6시에 4분 예약되셨습니다.

줄리 감사합니다. 참, 버스로 가려면 어디에서 내려야 하나요?

직원 강남역 앞에서 내리시면 됩니다. 그런데 그 시간에는 버스 대신 지하철을 이용하시는 게 편하실 겁니다.

줄리 알겠습니다. 감사합니다.

1. 줄리 씨는 지금 무엇을 하고 있어요?
2. 줄리 씨가 예약한 날짜와 시간은 언제예요?
3. 식당에 가려면 어디에서 내려야 해요?

어휘

예약

예약하다

변경하다

취소하다

대기자 명단		
번호	이름	날짜/시간
1	이하경 외1	6월5일 1시
2	김선우 외2	6월5일 6시
3	루카스 외2	6월6일 5시
4	자르갈	6월6일 7시
5		

대기자 명단에 올리다

결제하다

가 서울 호텔입니다. 무엇을 도와 드릴까요?

나 다음 주 토요일에 방을 예약하려고 하는데요.

예매하다

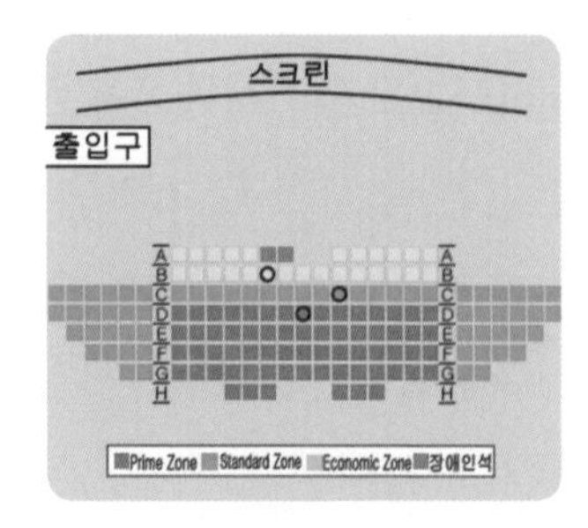

좌석이 있다

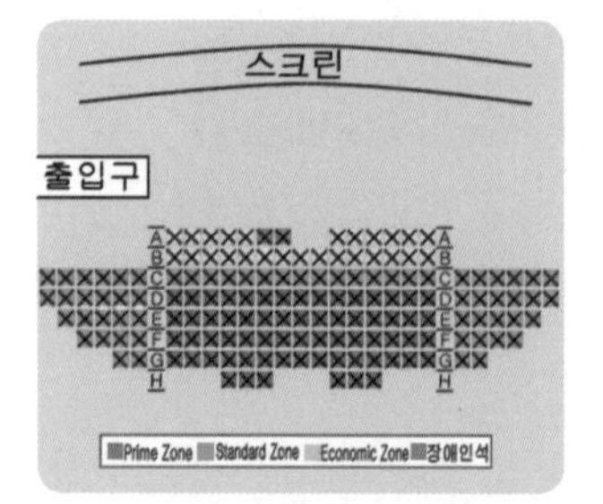

좌석이 없다(매진되다)

가 1시 표가 있어요?

나 죄송합니다. 1시 표는 매진되었습니다.

예약 관련 어휘

비행기

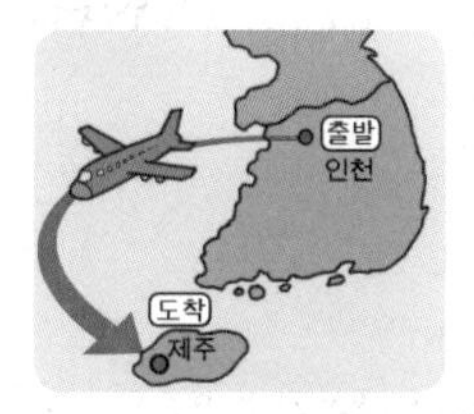

인천발 제주행

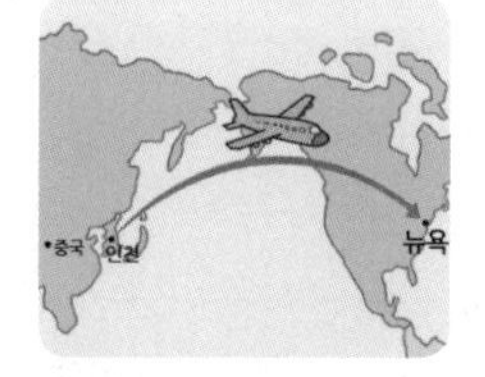

편도

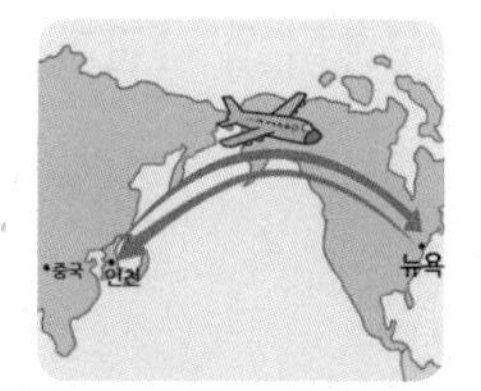

왕복

기내식

일반석

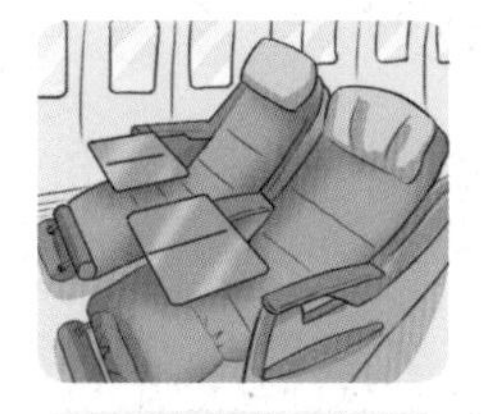
비즈니스석

일등석

만석

호텔

체크인

체크아웃

객실

침대방

온돌방

2인실

4인실

문법과 표현 1

V-(으)려면

- 경복궁에 가려면 지하철 3호선을 타세요.
- 식당에서 좋은 자리에 앉으려면 일찍 예약해야 해요.
- 한국어를 잘하려면 한국 친구를 사귀어 보세요.

받침 ○	앉으려면
받침 ×	가려면

보기 와 같이 이야기해 보세요.

보기

콘서트에 가다/표를 예매하다

가 콘서트에 가고 싶어요. 어떻게 해야 해요?
나 콘서트에 가려면 표를 예매해야 해요.

① 

도서관에 가다/학생증을 만들다

② 

비자를 받다/대사관에 가다

③ 

식당 예약을 취소하다/하루 전까지 연락하다

④ 

한국 음식을 잘 만들다/요리 학원에 다니다

보기 와 같이 이야기해 보세요.

보기

가 한복을 입어 보려면 어떻게 해야 해요?
나 한복을 입어 보려면 먼저 한복 가게에 예약하세요.

✓ ① **한복을 입어 보려면 어떻게 해야 해요?**
② 밤에 잠을 잘 자려면 어떻게 해야 돼요?
③ 장학금을 받으려면 어떻게 해야 해요?
④ 교실에서 음악을 들으려면 어떻게 해야 해요?
⑤ 고향에 갈 때 가족들 선물을 사려면 어디에 가야 해요?

문법과 표현 2

N 대신(에)

- 길이 복잡하니까 버스 대신에 지하철을 타세요.
- 친구가 바빠서 친구 대신 제가 표를 예매했어요.

- 가 우리 점심에 뭐 먹을까요?
  나 시간이 없으니까 밥 대신에 컵라면을 먹어요.

N	
받침 ○,×	밥 대신(에) 친구 대신(에)

보기 와 같이 이야기해 보세요.

보기

가 호텔을 예약할 때 온돌방이 없으면 어떻게 해야 해요?
나 온돌방 대신에 침대 방을 예약하세요.

✓① **호텔을 예약할 때 온돌방이 없다**

 온돌방  ☑ 침대방

예약하다

② 과일을 살 때 현금이 없다

 현금 ☑ 신용 카드

사용하다

③ 요리할 때 설탕이 없다

☑ 꿀  설탕

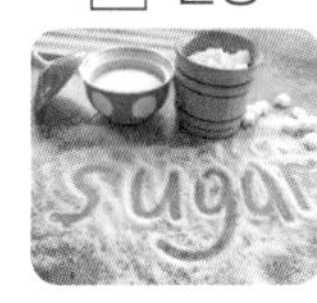

넣다

④ 콜라를 마시고 싶을 때 콜라가 없다

☐ 콜라 ☑ 사이다

마시다

⑤ 바다에 갈 때 선글라스가 없다

 ☑ 모자  선글라스

쓰다

⑥ 통장을 만들 때 외국인등록증이 없다

 ☑ 여권 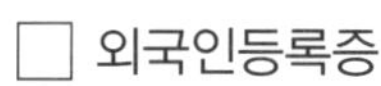 외국인등록증

보여 주다

새단어 컵라면 | 현금 | 신용 카드 | 사이다 | 선글라스 | 통장 | 외국인등록증 | 보여 주다

말하기 1

5-2

1 보기 와 같이 이야기해 보세요.

보기

직 원 어서 오세요. 무엇을 도와 드릴까요?

미 린 서울 1일 관광 상품을 예약할까 하는데요.

직 원 네, 요즘 고궁 투어나 시내 투어가 인기가 많습니다.
손님께서는 어떤 상품을 원하세요?

미 린 경복궁을 구경하고 한복도 입어 보려면 어떤 상품이 좋아요?

직 원 그럼 고궁 투어가 좋습니다. 오전에는 한복을 입고 고궁을 구경하고 오후에는 인사동을 관광하는 패키지입니다.

미 린 좋네요. 그런데 인사동 대신에 다른 곳을 가면 안 되나요? 제가 그곳은 가 봤어요.

직 원 그럼 오전 투어만 신청하세요.

미 린 네, 그게 좋겠어요. 오전 투어로 예약해 주세요.

보기	①	②
경복궁을 구경하고 한복을 입어 보다	남산을 구경하고 한강유람선도 타다	명동하고 남대문 시장을 구경하다
고궁 투어	시내 투어	시장 투어
한복을 입고 고궁을 구경하다	남산을 구경한 후 한강유람선을 타다	명동하고 남대문 시장을 구경하다
인사동을 관광하다	롯데월드타워에 가다	동대문 시장을 구경하다
인사동	롯데월드타워	동대문 시장

2 여러분이 서울을 구경하고 싶습니다. 손님과 여행사 직원이 되어서 서울 관광 상품을 예약해 보세요.

어서 오세요. 무엇을 도와 드릴까요?

서울 관광 상품을 예약할까 하는데요.

서울 관광 상품	오전	오후
고궁 투어	경복궁, 창덕궁	인사동, 남대문시장
시내 투어	북촌한옥마을, 남산, 한강유람선	롯데월드타워, 국회의사당
강북 · 강남 투어	경복궁, 인사동, N서울타워	코엑스, 압구정동, 신사동 가로수길

새단어 관광(을) 하다 | 상품 | 투어 | 롯데월드타워

문법과 표현 3

A/V-았으면 좋겠다/었으면 좋겠다

- 주말에 여행을 갔으면 좋겠어요.
- 예약한 식당의 음식이 맛있었으면 좋겠네요.
- 한국어를 잘했으면 좋겠습니다.

A/V	ㅏ, ㅗ O	작았으면 좋겠다, 놀았으면 좋겠다
	ㅏ, ㅗ ×	맛있었으면 좋겠다, 읽었으면 좋겠다
	하다	친절했으면 좋겠다, 일했으면 좋겠다

보기 와 같이 이야기해 보세요.

보기

가 지금 무엇을 하고 싶어요?
나 집에서 쉬었으면 좋겠어요.

꽃하고 지갑을 받다

집에서 쉬다

넓고 정원이 있다

요리사가 되다

✓ ① **지금 무엇을 하고 싶어요?**
② 생일에 무슨 선물을 받고 싶어요?
③ 나중에 어떤 일을 하고 싶어요?
④ 20년 후에 어떤 집에서 살고 싶어요?

여러분은 반 친구가 어땠으면 좋겠어요? **보기** 와 같이 이야기해 보세요.

보기

가 미린 씨가 어땠으면 좋겠어요?
나 좋은 대학에 입학했으면 좋겠어요.

반 친구	희망
미린 씨	좋은 대학에 입학하다
______ 씨	
______ 씨	

새단어 정원 | 희망

문법과 표현 4

N밖에

- 어제 세 시간밖에 못 잤어요.
- 지금은 방이 하나밖에 없습니다.
- 아침에 우유밖에 안 마셔요.
- 한국어 문법을 조금밖에 모릅니다.

N	받침 O, ×	세 시간밖에 하나밖에

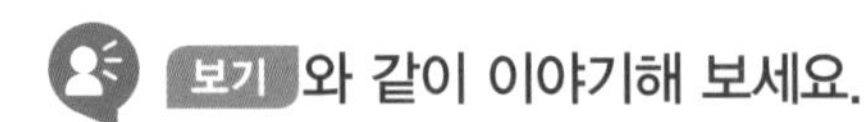

보기 와 같이 이야기해 보세요.

보기

가 토요일 3시에 표 있어요?
나 아니요, 5시밖에 없어요.

한 잔/안 마셨다

김치찌개/못 끓이다

5시/없다

1주일에 2번/가지 않다

이름/모르다

✓ ① **토요일 3시에 표 있어요?**
② 한국 요리를 잘하세요?
③ 커피를 많이 마셨어요?
④ 매일 헬스장에 가세요?
⑤ 어제 만난 사람을 잘 알아요?

보기 와 같이 이야기해 보세요.

보기

가 쉬는 시간이 얼마나 남았어요?
나 1분밖에 안 남았어요.

✓ ① **쉬는 시간이 얼마나 남았어요?**
② 서울에서 어디에 가 보셨어요?
③ 맥주를 몇 병 마실 수 있어요?
④ 한국어를 배운 지 얼마나 됐어요?
⑤ 무슨 악기를 연주할 줄 아세요?

새단어 남다

말하기 2

5-3

1 보기 와 같이 이야기해 보세요.

보기

직원 안녕하십니까? 무엇을 도와 드릴까요?

조엔 며칠 전에 방을 예약했는데요. 날짜를 바꿨으면 좋겠어요.

직원 성함이 어떻게 되십니까?

조엔 저는 조엔입니다.

직원 바꾸실 날짜를 말씀해 주시겠습니까?

조엔 7월 1일부터 3일까지로 바꿔 주세요.

직원 잠시만 기다리십시오. (잠시 후) 손님, 그 날짜에는 침대방은 없고 온돌방밖에 안 남았습니다. 괜찮으시겠습니까?

조엔 네, 괜찮아요. 그렇게 해 주세요.

보기	①	②
방	비행기 표	파마
날짜	일정	시간
7월 1일부터 3일까지	6월 15일에 출발해서 18일에 돌아오는 것	금요일 오후 2시
침대방은 없다	일반석은 만석이다	다른 손님이 계시다
온돌방/안 남았다	비즈니스석/없다	4시 이후/시간이 안 되다

2 여러분이 예약을 바꾸고 싶습니다. 손님과 직원이 되어서 이야기해 보세요.

식당 | 여행사 | 병원

안녕하십니까? 무엇을 도와 드릴까요?

며칠 전에 저녁 식사를 예약했는데요. 시간을 바꿨으면 좋겠어요.

성함이 어떻게 되십니까?

저는 자르갈입니다.

새단어 파마 | 이후 | 시간이 되다

듣고 말하기

여러분은 비행기 표를 어떻게 예약합니까? 다음을 듣고 대답해 보세요. 5-4

1 줄리 씨는 어디에 가려고 합니까?

---

2 줄리 씨가 예약한 한국 도착 날짜는 어떻게 됩니까?

① 7월 9일
② 7월 23일
③ 7월 24일
④ 7월 25일

3 맞는 것을 고르세요.

① 줄리 씨는 비행기 표를 왕복으로 예약했습니다.
② 비행기 좌석은 인터넷으로만 선택할 수 있습니다.
③ 줄리 씨는 원하는 날짜에 비행기 표를 예약했습니다.
④ 비행기 표를 예약하면 바로 좌석을 선택할 수 있습니다.

여러분이 비행기 표를 예약하고 싶습니다. 손님과 항공사 직원이 되어서 이야기해 보세요.

안녕하십니까?
서울 항공입니다.

하노이에 가는 비행기 표를 예약하려고 하는데요.
9월 1일에 표가 있나요?

도착지	한국 출발 날짜	한국 도착 날짜
하노이	9월 1일	9월 15일

새단어 미리 | 정하다 | 항공사 | 도착지

읽고 쓰기

여러분은 호텔을 예약해 본 적이 있습니까? 다음을 읽고 대답해 보세요.

여러분은 호텔을 어떻게 예약합니까? 저는 보통 전화로 예약하지만 며칠 전에 전화 대신 인터넷으로 호텔을 예약했습니다. 그런데 전화보다 더 쉽고 간단해서 인터넷으로 호텔 예약하는 방법을 소개하려고 합니다.

인터넷으로 호텔을 예약하려면 먼저 호텔 예약 사이트에 들어가야 합니다. 그리고 호텔 예약 사이트에서 호텔 장소, 예약 날짜, 사람 수를 선택하고 검색 버튼을 누릅니다. 그러면 여러분에게 맞는 여러 종류의 호텔과 가격을 볼 수 있습니다. 그중에서 원하는 호텔을 클릭하면 위치, 시설, 교통을 알 수 있습니다. 특히 그 호텔을 이용한 사람들이 쓴 좋은 점과 나쁜 점을 볼 수 있어서 좋습니다. 마음에 드는 호텔을 고른 후에 이름, 이메일 주소, 전화번호를 씁니다. 마지막으로 신용카드 정보를 남기면 예약이 끝납니다. 그러면 휴대폰으로 예약 확인 문자 메시지가 옵니다.

저는 친구 3명과 여행을 가기 때문에 2인실 두 개를 예약했습니다. 처음에는 4인실을 예약하고 싶었지만 늦게 예약해서 2인실밖에 없었습니다. 하지만 싸고 좋은 방을 직접 고를 수 있어서 좋았습니다. 여러분도 편리한 인터넷을 이용해서 호텔을 예약했으면 좋겠습니다.

1 이 글은 무엇을 소개하고 있습니까?

____

2 호텔을 예약하는 순서에 맞게 번호를 써 보세요.

① 연락처를 씁니다.
② 호텔 예약 사이트에 들어갑니다.
③ 신용카드 정보를 남깁니다.
④ 마음에 드는 호텔을 고릅니다.
⑤ 호텔 장소와 예약 날짜, 사람 수를 선택합니다.

② → ( ) → ( ) → ( ) → ( )

3 맞는 것을 고르세요.

① 인터넷으로 호텔을 예약하는 것은 편리하지만 어렵습니다.
② 이 사람은 친구들과 여행을 가기 때문에 4인실을 예약했습니다.
③ 인터넷으로 호텔을 예약하려면 호텔 홈페이지에 들어가야 합니다.
④ 인터넷으로 호텔을 예약하면 그 호텔의 좋은 점을 알 수 있습니다.

새단어 간단하다 | 사이트 | 수 | 버튼 | 누르다 | 클릭하다 | 시설 | 점 | 마음에 들다 | 고르다

여러분은 한국에서 인터넷으로 예약한 적이 있습니까? 어떻게 했습니까? 여러분의 경험을 써 보세요.

무엇?	□ 식당 □ 숙소 □ 관광 상품 □ 미용실 □ 비행기 표 □ ________
예약 순서	① ② ③ ④

저는 인터넷으로 ________ 을/를 예약한 적이 있습니다.

새단어 숙소 | 미용실

발음

자음동화 1 5-5

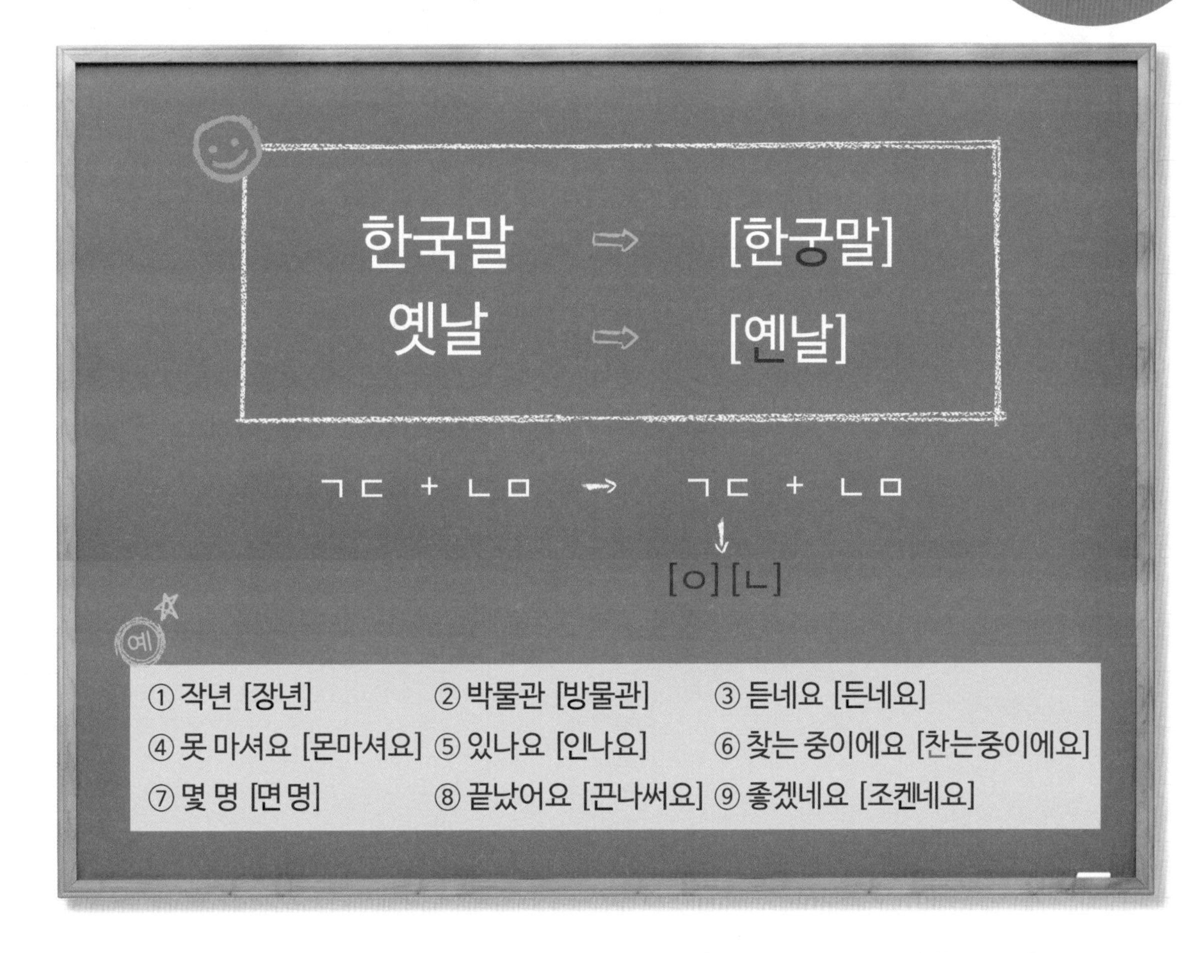

들어 보세요.

① 일학년이에요.

② 노래를 듣는 중이에요.

③ 오늘은 못 만나요.

④ 어제 점심을 예약했는데요.

듣고 따라해 보세요.

① 한국말을 잘하려면 한국 친구를 사귀어 보세요.

② 인터넷으로 우리에게 맞는 호텔을 찾았어요.

③ **가** 오후 2시 표가 있나요?
나 죄송합니다. 2시 표는 매진되었습니다.

④ **가** 오늘 수업이 끝난 후에 뭐 하세요?
나 친구하고 서울 투어를 하기로 했어요.

Unit 6

기숙사에서 살다가 한 달 전에 이사했어요

학습목표

- **어휘** 집의 종류와 구조
집 구하기
- **문법과 표현 1** A-(으)ㄴ데, V-는데[1]
- **문법과 표현 2** A-(으)ㄴ 것 같다, V-는 것 같다/-(으)ㄴ 것 같다
- **말하기 1** 찾고 싶은 집에 대해 말하기
- **문법과 표현 3** A/V-기는 하지만
- **문법과 표현 4** V-다가
- **말하기 2** 부동산에서 집 구하기
- **듣고 말하기** 집 볼 때 확인하는 것에 대한 듣고 말하기
- **읽고 쓰기** 룸메이트를 찾는 글 읽기
룸메이트를 찾는 글 쓰기
- **문화** 셰어 하우스(share house)

들어요

6-1

장홍 미린 씨, 지금 원룸에 살고 있지요?

미린 네, 기숙사에서 살다가 한 달 전에 이사했어요.

장홍 왜요? 저는 기숙사에서 사는 게 편해서 계속 살까 하는데요. 생활비도 많이 안 들고 학교 안에 있어서 편리해요.

미린 기숙사 생활이 편리하기는 하지만 할 수 없는 게 많아요. 특히 룸메이트하고 생활 습관이 다르면 더 힘든 것 같아요.

장홍 그럼 원룸에서는 혼자 살아요?

미린 네, 혼자 사니까 좋아요. 하지만 가끔 심심할 때도 있어요.

장홍 그럴 때는 저한테 연락하세요. 제가 요즘 스케이트보드를 배우고 있는데 재미있는 것 같아요.

미린 아, 그래요? 저도 그걸 타 보고 싶었는데 잘됐네요.

1. 미린 씨는 언제 이사했어요?
2. 장홍 씨는 왜 기숙사에서 계속 살고 싶어 해요?
3. 미린 씨의 원룸 생활은 어때요?

어휘

집의 종류

주택

아파트

빌라

오피스텔

기숙사

원룸

하숙집

집의 구조

보기

① 방
② 거실
③ 부엌
④ 화장실(욕실)
⑤ 베란다
⑥ 현관
⑦ 마당

집 구하기

원룸

- ___①___ : 6,000만 원
- ___②___ : ___③___ 1,000만 원, 월 50만 원
- ___④___ : 냉장고, 세탁기, 에어컨
- ___⑤___ : 한 달 7만 원 (수도, 전기, 가스 요금 포함)
- ___⑥___ : 학교 정문에서 3분 거리

문의: **010-8765-4321**

___⑦___

아파트

- 85.9㎡(방 3개, 화장실 2개, 거실)
- 8층/15층
- ___⑥___ : 서울역에서 걸어서 5분
- 10억

문의: **010-8765-4321**

보기

① 전세 ② 월세 ③ 보증금 ④ 시설(옵션) ⑤ 관리비 ⑥ 위치 ⑦ 매매

부동산에 가서 알아보다

집을 보다

계약을 하다

부동산에 소개비를 주다

문법과 표현 1

A-(으)ㄴ데, V-는데[1]

- 집이 좀 작은데 다른 집을 보어 주세요.
- 비가 많이 오는데 조금 이따가 가세요.
- 어제 쇼핑을 했는데 물건을 너무 많이 샀어요.

- **가** 집을 구하고 싶은데 어떻게 해야 해요?
  나 이 근처에 부동산이 있는데 한번 가 보세요.

A	받침 ○	작은데
	받침 ×	큰데
V	받침 ○, ×	찾는데 오는데
N	받침 ○, ×	동생인데 학교인데

- 맵다 → 매운데
- 길다 → 긴데
- 살다 → 사는데
- 있다/없다 → 있는데/없는데

보기 와 같이 이야기해 보세요.

보기

가 배가 고픈데 밥 먹으러 갈까요?
나 네, 좋아요.

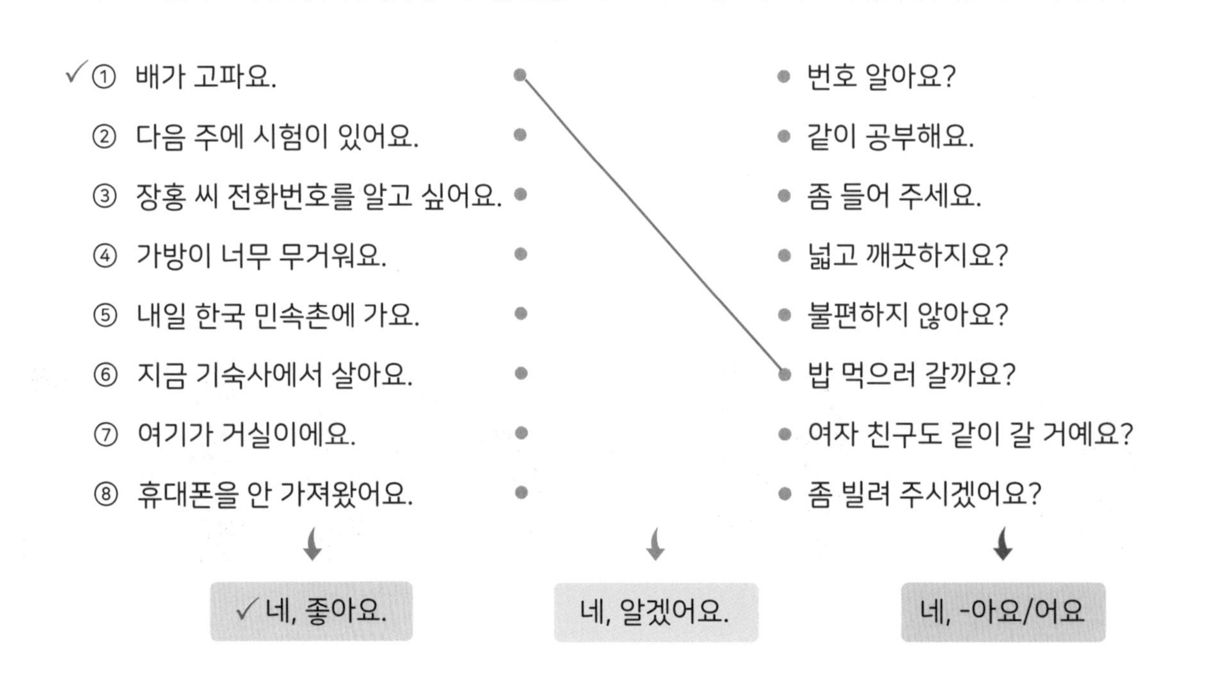

새단어 가져오다

보기 와 같이 이야기해 보세요.

보기

1시에 수업이 끝나다, 그때 전화하다

가 조엔 씨, 언제 통화할 수 있어요?
나 1시에 수업이 끝나는데 그때 전화하세요.

① 이 집으로 이사할까 하는데요.

주변에 편의시설이 없다, 좀 더 알아보다

② 운전해서 회사에 갈까 하는데요.

길이 미끄럽다, 조심하다

③ 빅토르 씨를 만나려고 하는데요.

회의 중이다, 잠시만 기다리다

④ 창문을 열까 하는데요.

지금 바람이 불다, 열다

보기 와 같이 이야기해 보세요.

보기

가 어제 무슨 일이 있었어요?
나 버스를 타고 가는데 교통사고가 났어요.

언제예요?	뭘 했어요?	무슨 일이 있었어요?
✓ ① **어제**	**버스를 타고 가다**	**교통사고가 났다**
② 아까	지하철을 탔다	고향 친구를 만났다
③ 어젯밤	자고 있었다	옆집에서 시끄러운 소리가 났다
④ 주말	김밥을 만들다	룸메이트가 김밥을 사 왔다

새단어 주변 | 편의시설 | 미끄럽다 | 조심하다 | 교통사고가 나다 | 어젯밤 | 소리가 나다

보기 와 같이 이야기해 보세요.

보기

· 중국 사람
· 어학원에서 한국어를 배우다

가 이 사람은 누구예요?
나 중국 사람인데 어학원에서 한국어를 배워요.

① 이 분은 누구세요?

· 세종대왕
· 한글을 만드셨다

② 이건 뭐예요?

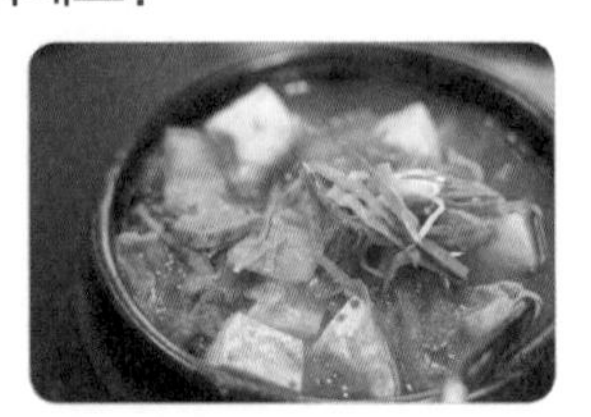

· 김치찌개
· 맵지만 맛있다

③ 여기는 어디예요?

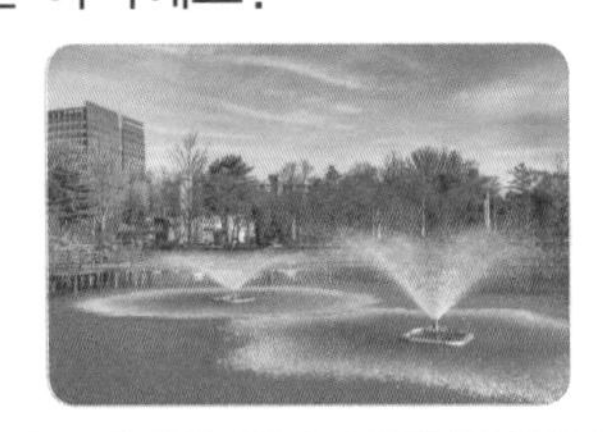

· 우리 학교
· 호수도 있고 아름답다

④ 이 사람들은 누구예요?

· 우리 반 친구들
· 모두 친절하고 재미있다

보기 와 같이 이야기해 보세요.

보기

가 한국어를 배운 지 얼마나 됐어요? 어때요?
나 한국어를 배운 지 세 달쯤 됐는데 아직도 잘 못해요.

✓① **한국어를 배운 지 얼마나 됐어요? 어때요?**
② 한국에서 쇼핑해 본 곳이 어디예요? 어때요?
③ 한국에서 처음 먹은 음식이 뭐예요? 어땠어요?
④ 한국에서 여행해 본 곳이 어디예요? 어땠어요?
⑤ ________________________________?

문법과 표현 2

A-(으)ㄴ 것 같다, V-는 것 같다/-(으)ㄴ 것 같다

- 근처에 공원이 있어서 좋은 것 같아요.
- 루카스 씨가 요즘 운동을 열심히 하는 것 같아요.
- 이 사진은 부산에서 찍은 것 같은데 맞아요?
- 저 사람은 우리 학교 학생인 것 같아요.

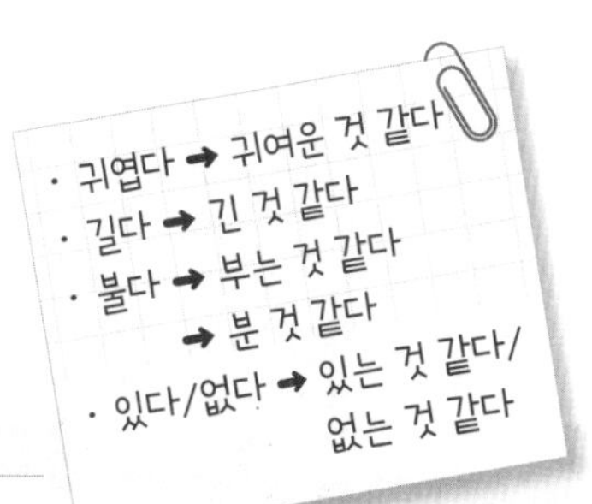

<table>
<tr><td rowspan="2">A</td><td>받침 O</td><td colspan="3">작은 것 같다</td></tr>
<tr><td>받침 ×</td><td colspan="3">큰 것 같다</td></tr>
<tr><td rowspan="3">V</td><td></td><td>현재: -는 것 같다</td><td colspan="2">과거: -(으)ㄴ 것 같다</td></tr>
<tr><td rowspan="2">받침 O, ×</td><td rowspan="2">먹는 것 같다
오는 것 같다</td><td>받침 O</td><td>먹은 것 같다</td></tr>
<tr><td>받침 ×</td><td>온 것 같다</td></tr>
<tr><td>N</td><td>받침 O, ×</td><td colspan="3">학생인 것 같다
의사인 것 같다</td></tr>
</table>

 보기 와 같이 이야기해 보세요.

보기

가 줄리 씨 기분이 어때요?
나 안 좋은 것 같아요.

너무 무섭다

심심하다

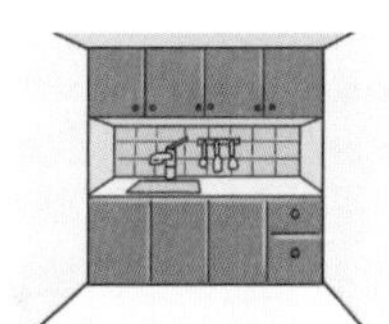
좀 좁다

안 좋다

힘들다

전망이 좋다

✓① **줄리 씨 기분이 어때요?**
② 이 집 부엌이 어때요?
③ 버스 타고 다니는 게 어때요?
④ 어제 본 집이 어때요?
⑤ 공포 영화를 봤는데 어때요?
⑥ 하루 종일 혼자 있었는데 어때요?

 새단어 전망

보기 와 같이 이야기해 보세요.

보기

가 여기가 어디예요?

나 거실인 것 같아요.

✓ ① **여기가 어디예요?**

② 강아지 이름이 뭐예요?

③ 무슨 계절이에요?

④ 이 여자의 직업이 뭐예요?

보기 와 같이 이야기해 보세요.

1) **보기**

가 장홍 씨가 미린 씨에게 초콜릿을 주네요.

나 장홍 씨가 미린 씨를 좋아하는 것 같아요.

사실	추측
✓ ① **장홍 씨가 미린 씨에게 초콜릿을 주다**	**장홍 씨가 미린 씨를 좋아하다**
② 식당에 사람이 많다	음식이 맛있다
③ 수업 중인데 루카스 씨는 창밖만 보다	수업을 듣지 않다
④ 김선우 씨를 이 동네에서 자주 만나다	이 동네에 살다

2) **보기**

가 아이들이 눈사람을 만들고 있어요.

나 어제 눈이 많이 온 것 같아요.

사실	추측
✓ ① **아이들이 눈사람을 만들고 있다**	**어제 눈이 많이 왔다**
② 빅토르 씨가 계속 화장실에 가다	음식을 잘못 먹었다
③ 미린 씨 눈이 빨갛고 부었다	많이 울었다
④ 교실에 줄리 씨가 없다	오늘 학교에 오지 않았다

새단어 사실 | 추측 | 동네 | 잘못

말하기 1

1 보기 와 같이 이야기해 보세요.

장홍	미린 씨, 지금 살고 있는 원룸이 어때요?
미린	올해 지은 집이라서 깨끗해요.
장홍	아, 네. 저는 기숙사 1인실을 신청했는데 안됐어요. 그래서 원룸에서 살까 해요.
미린	그럼 우리 집에 와서 한번 구경해 보세요. 그리고 괜찮으면 저하고 부동산에도 가 봐요.
장홍	네, 그럴게요. 그런데 요즘 월세가 비싸요?
미린	글쎄요. 원룸이 많은 곳이라서 안 비싼 것 같아요.
장홍	그래요? 빨리 마음에 드는 집을 찾았으면 좋겠어요.

보기	①	②
올해 지은 집이라서 깨끗하다	원룸 안 시설이 좋아서 편리하다	집세가 싸고 동네가 조용해서 좋다
저는 기숙사 1인실을 신청했다/안됐다	룸메이트가 귀국해서 혼자 살다/편하다	동생이 곧 한국에 오다/같이 살고 싶다
월세가 비싸다	방이 있다	보증금이 꼭 필요하다
원룸이 많은 곳이라서 안 비싸다	방학 때라서 방이 많다	학교 근처라서 보증금이 없는 곳도 있다

2 여러분은 집을 구할 때 무엇이 가장 중요합니까? 친구와 같이 이야기해 보세요.

집세 시설 위치 교통 주변 환경

저는 집을 구할 때 월세가 가장 중요한데 폴 씨는요?

저는 월세보다 교통이 중요한 것 같아요. 회사가 멀면 피곤하기 때문에 교통이 편리해야 돼요.

새단어 안되다 | 귀국하다 | 집세 | 교통 | 환경

문법과 표현 3

A/V-기는 하지만

- 원룸이 비싸기는 하지만 혼자 살아서 좋아요.
- 김치를 먹기는 하지만 좋아하지는 않아요.
- 숙제를 하기는 했지만 모르는 게 많아요.
- 오래된 집이기는 하지만 고쳐서 깨끗해요.

A/V	받침 O, ×	많기는 하지만 마시기는 하지만
 N	받침 O, ×	한국 사람이기는 하지만 친구(이)기는 하지만

 보기 와 같이 이야기해 보세요.

보기

가 한국어 공부가 어렵지요?
나 어렵기는 하지만 재미있어요.

✓① **한국어 공부가 어렵지요?**

재미있다

② 저 가수가 멋있지요?

노래를 잘 못하다

③ 피아노를 칠 줄 알지요?

아직 잘 못 치다

④ 한국에서 운전을 하지요?

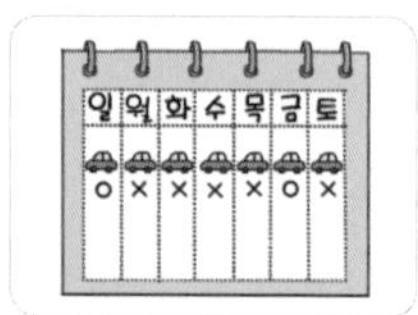

가끔 하다

 보기 와 같이 이야기해 보세요.

보기

가 어제 간 놀이공원이 어땠어요?
나 사람이 많기는 했지만 즐거웠어요.

과거의 경험	느낌
✓ ① **어제 간 놀이공원이 어땠어요?**	**사람이 많다, 즐겁다**
② 주말에 본 공연이 어땠어요?	공연장이 멀다, 공연은 아주 좋다
③ 처음 한복을 입어 봤는데 어땠어요?	한복 색이 곱다, 좀 불편하다
④ 소개팅을 했는데 어땠어요?	괜찮은 사람이다, 제 이상형은 아니다

새단어 오래되다 | 고치다 | 경험 | 느낌 | 놀이공원 | 공연장 | 소개팅 | 이상형

문법과 표현 4

V-다가

- 쭉 가다가 사거리에서 오른쪽으로 가세요.
- 숙제하다가 피곤해서 잤어요.
- 가 아직도 인천에서 살아요?
  나 아니요, 인천에서 살다가 멀어서 학교 근처로 이사했어요.

V	받침 O, ×	살다가 가다가

 보기 와 같이 이야기해 보세요.

보기

가 기분이 안 좋은 것 같아요.
나 네, 친구하고 이야기하다가 싸웠어요.

✓ ① **기분이 안 좋다**	**친구하고 이야기하다, 싸우다**
② 손가락을 다쳤다	음식을 만들다, 다치다
③ 조엔 씨가 교실에 없다	수업을 듣다, 화장실에 가다
④ 빅토르 씨는 외출 중이다	조금 전까지 일하다, 잠깐 나가다

 보기 와 같이 이야기해 보세요.

보기

가 요즘도 아르바이트해요?
나 아니요, 아르바이트를 하다가 힘들어서 그만뒀어요.

행동

✓**아르바이트하다/그만두다** 보다/안 보다
가다/지하철을 타고 가다 공부하다/자다

이유

✓**힘들다** 재미없다 졸리다 너무 멀다

✓ ① **요즘도 아르바이트를 해요?**
② 그 드라마를 다 봤어요?
③ 어제는 공부 많이 했어요?
④ 자전거로 한강 공원까지 갔어요?

새단어 행동 | 이유

말하기 2

1 보기 와 같이 이야기해 보세요.

보기

빅토르 안녕하세요? 집 좀 알아보려고 하는데요.

중개인 네, 어떤 집을 찾으세요?

빅토르 원룸을 찾는데요. 깨끗했으면 좋겠어요.

중개인 잠깐만요. 마침 괜찮은 집이 있어요. 방이 좀 작기는 하지만 베란다가 넓어요.
근처에 지하철역이 있어서 교통도 편리하고요.

빅토르 아, 그래요? 집세는 어떻게 돼요?

중개인 보증금 500만 원에 35만 원이에요. 다른 원룸보다 월세가 싸요.
지금 한번 보러 가시겠어요?

빅토르 지금은 학교에 가다가 잠깐 알아보러 왔어요. 죄송하지만 내일 볼 수 있나요?

중개인 그럼요. 내일 오시기 전에 전화해 주세요.

보기	①	②
깨끗하다	방이 크다	옵션이 많다
방이 좀 작다/ 베란다가 넓다	엘리베이터가 없다/ 방하고 부엌이 따로 있다	오래된 집이다/ 시설이 좋다
지하철역이 있어서 교통도 편리하다	산이 있어서 공기도 좋다	시장이 있어서 장보기도 편하다
학교에 가다/잠깐 알아보러 왔다	일하다/점심시간이라서 잠깐 나왔다	은행을 찾다/부동산이 있어서 와 봤다

2 여러분은 어떤 집에서 살고 싶습니까? 친구와 이야기해 보세요.

저는 주택에서 살고 싶어요.
아파트보다 불편하기는 하지만
마당이 있었으면 좋겠어요.
마당에서 꽃과 나무도 키우고 싶어요.

저는 많은 사람들이 살아서
시끄럽기는 하지만 편한 게 좋아요.
그래서 아파트에서 살고 싶어요.

새단어 중개인 | 마침 | 엘리베이터 | 공기 | 장보기

듣고 말하기

6-4

여러분은 집을 구하려고 집을 본 적이 있습니까? 다음을 듣고 대답해 보세요.

1 이 사람은 왜 부동산에 갔습니까?

① 집을 팔려고 ② 소개비를 주려고
③ 집을 계약하려고 ④ 집을 알아보려고

2 이 사람은 집을 보면서 무엇을 확인했습니까? 맞는 것에 ✓ 하세요.

<집 볼 때 확인한 것>

- ☐ 교통이 편리합니까?
- ☑ 방이 큽니까? 작습니까?
- ☐ 방 안에 어떤 시설이 있습니까?
  → ☐ 침대 ☐ 에어컨 ☐ 냉장고 ☐ 신발장 ☐ 세탁기 ☐ 텔레비전
- ☐ 화장실에 창문이 있습니까? 없습니까?
- ☐ 관리비는 얼마입니까?
- ☐ 집주인의 전화번호는 몇 번입니까?

3 맞는 것을 고르세요.

① 이 집은 방이 크고 밝습니다.
② 이 건물에는 엘리베이터가 없습니다.
③ 이 사람이 본 집은 3층에 있었습니다.
④ 관리비에 가스 요금은 포함하지 않습니다.

여러분은 집을 볼 때 어떤 것을 확인합니까? 친구와 이야기해 보세요.

위치 시설 집의 구조 ?

저는 먼저 위치를 확인해요.
동네가 시끄러운 곳은 싫어요.
그리고 옵션을 확인해요. 옵션이 많으면 좋아요.

저는 집의 구조를 확인해요.
특히 베란다가 있으면 좋겠어요.
또 집 안에 고장난 것, 문제가 있는 것도 찾아요.

새단어 집주인 | 밝다 | 문제 | 신발장 | 포함하다

읽고 쓰기

여러분은 룸메이트가 있습니까? 다음을 읽고 대답해 보세요.

룸메이트를 찾습니다!

안녕하세요? 저는 중국에서 온 장홍이라고 합니다. 저는 지금 학교 근처에 있는 아파트에서 혼자 삽니다. 방이 2개라서 남자 룸메이트를 찾고 있습니다.

우리 집은 학교까지 걸어서 15분쯤 걸립니다. 집은 지은 지 10년 정도 되었지만 고쳐서 깨끗합니다. 방은 2개인데 모두 크고 밝습니다. 그리고 욕실 1개, 거실, 부엌, 베란다도 있습니다. 거실이 좀 작기는 하지만 생활할 때 불편한 점은 없습니다. 또 집에 있는 가전제품과 가구는 같이 사용할 수 있습니다. 집 근처에 마트가 있고 지하철역도 가깝습니다. 집세는 보증금 1000만 원에 월세 80만 원입니다. 관리비는 8만 원인데 인터넷 요금은 따로 내지 않습니다. 그래서 다른 곳보다 좀 싼 것 같습니다. 보증금은 제가 냈으니까 월세와 관리비만 저와 반반 내면 됩니다.

제가 혼자 지내다가 지난달부터 고양이를 키우고 있습니다. 그래서 고양이를 좋아하시는 분이면 좋겠습니다. 관심이 있으신 분은 연락해 주세요.

제 전화번호는 010-2143-7865입니다.

1 장홍은 왜 룸메이트를 찾고 있습니까?

____

2 글의 내용과 맞으면 ○, 틀리면 × 하세요.

① 방 한 개는 작고 어둡습니다.

② 거실이 작아서 매우 불편합니다.

③ 룸메이트는 보증금을 내지 않습니다.

④ 집이 학교에서 멀어서 지하철을 타야 합니다.

새단어 가전제품 | 가구 | 반반

3 장홍이 찾는 룸메이트의 광고입니다. 빈 칸에 맞는 것을 쓰세요.

룸메이트를 찾습니다!

- **집** : 아파트(방2, 욕실1, 거실, 부엌, 베란다)

  ________________ -지만 고쳐서 ________________.

- **위치** : 학교까지 ____________ -아서/어서 ________ 분

- **집 안 시설** : ☑ ____________ ☑ 가구

- **집 주변** : ☑ 마트 ☑ ____________

- **집세** : 보증금 1,000만 원

  월세 : ____________

  관리비 : ____________ (인터넷 요금도 포함합니다!)

※ ________________________ -(으)면 좋겠습니다.

전화번호: **010-2143-7865**

새단어 광고

여러분은 어떤 룸메이트와 살고 싶습니까? 룸메이트를 찾는 글을 써 보세요.

① 어떤 집에서 살고 있습니까?	□ 주택 □ 아파트 □ 오피스텔 □ _____
② 그 집의 위치가 어떻게 됩니까?	
③ 그 집의 구조와 시설은 어떻습니까?	
④ 그 집의 좋은 점은 무엇입니까?	
⑤ 어떤 룸메이트를 만났으면 좋겠습니까?	

문화

셰어 하우스(share house)

셰어 하우스를 아세요? 요즘 대학생이나 젊은 사람들은 셰어 하우스에 많이 삽니다. 셰어 하우스가 어떤 집인지 알아볼까요?

셰어 하우스는 여러 사람이 같이 사는 집입니다. 자기 방이 따로 있고 거실, 부엌, 화장실, 마당 등은 여러 사람이 같이 사용합니다. 방은 1인실, 2인실 등이 있습니다.

좋은 점

보증금과 월세가 싸고 새 친구를 사귈 수 있습니다. 가구와 가전제품도 있어서 편합니다.

나쁜 점

여러 사람들이 같이 사니까 조금 시끄럽습니다. 그리고 샤워나 빨래를 할 때 차례를 기다려야 합니다.

새단어 셰어 하우스 | 젊다 | 자기 | 새 | 차례

Unit 7

현금카드는 언제부터 사용할 수 있을까요?

학습목표

- **어휘** 은행
  우체국
- **문법과 표현 1** A/V-(으)ㄹ 거예요(추측)
- **문법과 표현 2** A/V-(으)ㄹ까요?(추측)
- **말하기 1** 은행에서 하는 일 말하기
- **문법과 표현 3** V-아도 되다/어도 되다
- **문법과 표현 4** V-(으)면 안 되다
- **말하기 2** 대중교통 예절에 대해 말하기
- **듣고 말하기** 우체국에서 소포 보내는 대화 듣고 말하기
- **읽고 쓰기** 인터넷 뱅킹 이용에 대한 글 읽기
  은행 이용 경험에 대한 글 쓰기
- **발음** 경음화 2

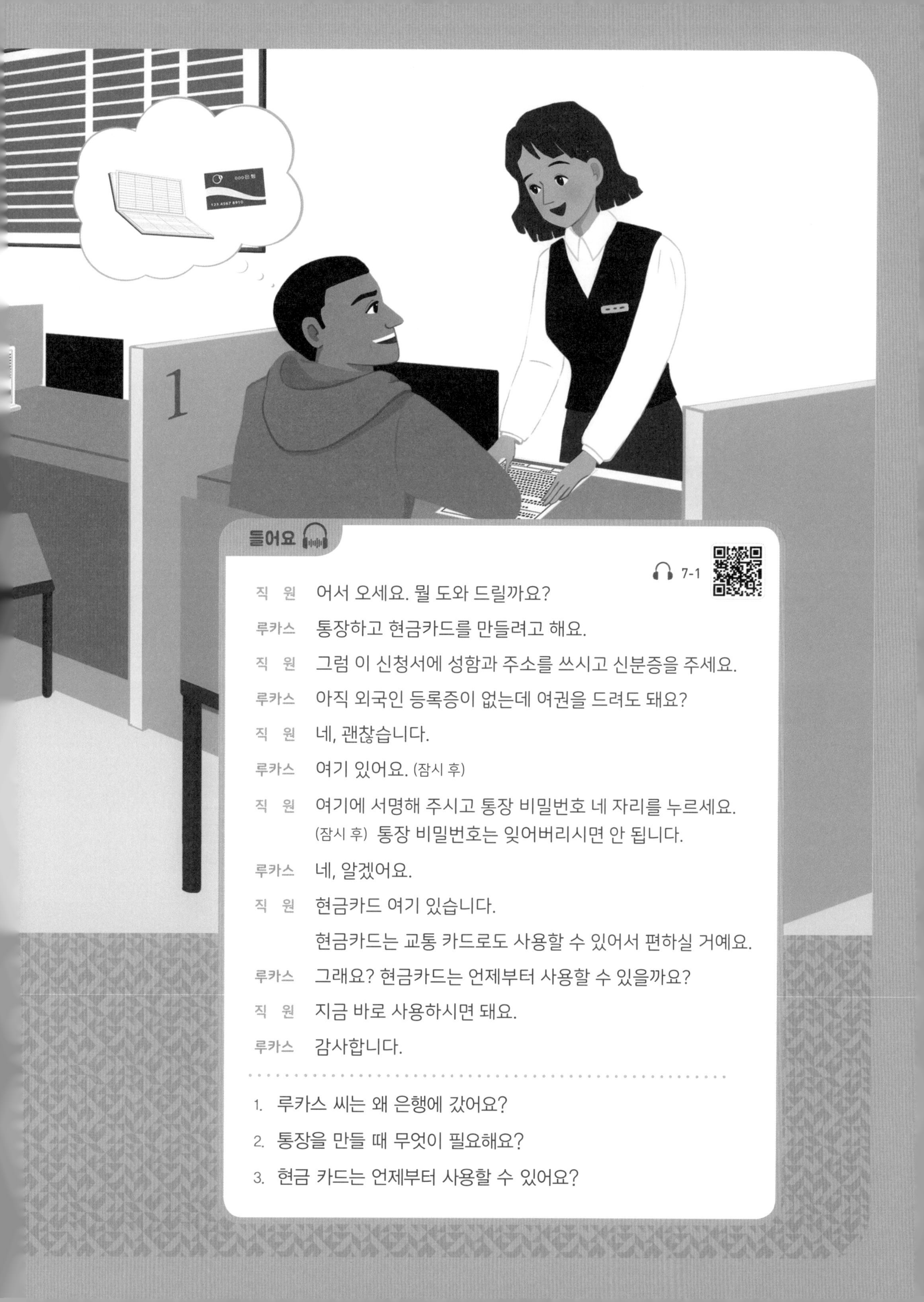

들어요

7-1

직 원　어서 오세요. 뭘 도와 드릴까요?

루카스　통장하고 현금카드를 만들려고 해요.

직 원　그럼 이 신청서에 성함과 주소를 쓰시고 신분증을 주세요.

루카스　아직 외국인 등록증이 없는데 여권을 드려도 돼요?

직 원　네, 괜찮습니다.

루카스　여기 있어요. (잠시 후)

직 원　여기에 서명해 주시고 통장 비밀번호 네 자리를 누르세요.
(잠시 후) 통장 비밀번호는 잊어버리시면 안 됩니다.

루카스　네, 알겠어요.

직 원　현금카드 여기 있습니다.
현금카드는 교통 카드로도 사용할 수 있어서 편하실 거예요.

루카스　그래요? 현금카드는 언제부터 사용할 수 있을까요?

직 원　지금 바로 사용하시면 돼요.

루카스　감사합니다.

1. 루카스 씨는 왜 은행에 갔어요?
2. 통장을 만들 때 무엇이 필요해요?
3. 현금 카드는 언제부터 사용할 수 있어요?

어휘

은행

통장

신분증

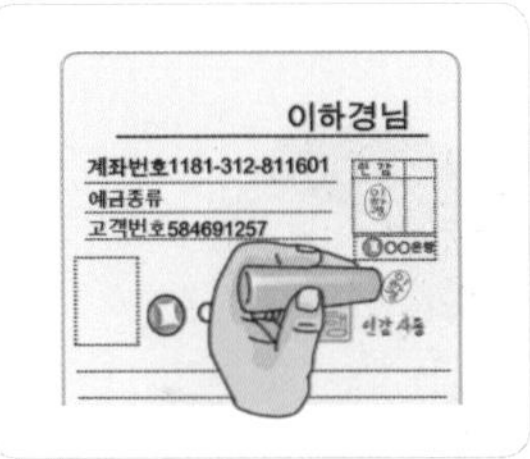

도장

서명(사인)

신용카드

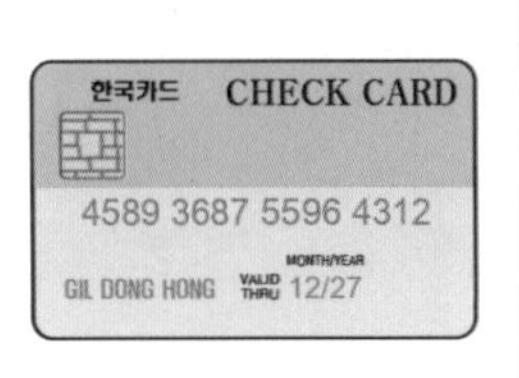

현금카드

현금 자동 인출기(ATM)

통장 만들기

신청서를 쓰다

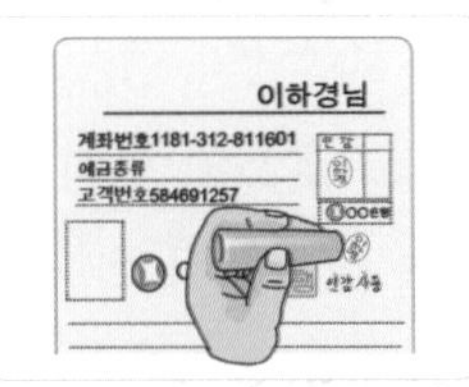

도장을 찍다/서명하다

비밀번호를 누르다

돈을 넣다
/입금하다

돈을 찾다
/출금하다

돈을 보내다
/송금하다

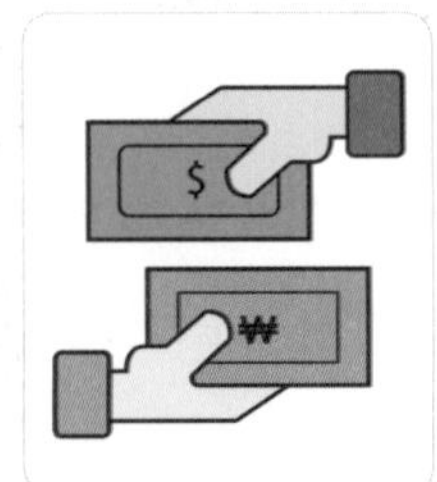

돈을 바꾸다
/환전하다

인터넷 뱅킹을
하다

우체국

보내는 사람
서울특별시 노원구 공릉로58길 130
서울과학기술대학교 성림학사 국제동 405호
장 홍

① 

받는 사람
② 부산광역시 수영구 수영로 445
이하늘
③ 48314

④ 

보기
① 우표를 붙이다 ② 주소를 쓰다 ③ 우편번호를 쓰다 ④ 편지를 보내다/부치다

편지

등기

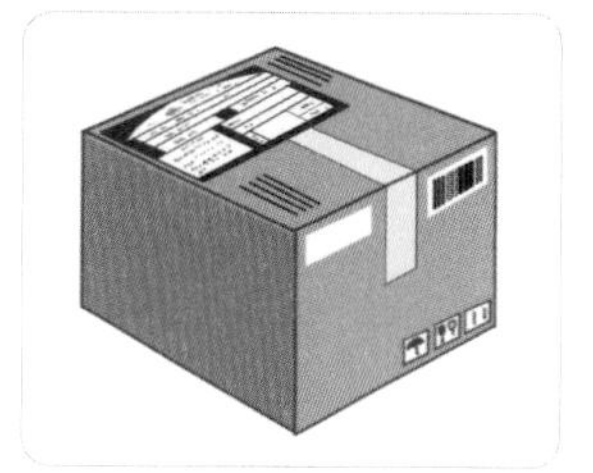
소포

택배

국제특급우편(EMS)

소포를 포장하다

저울에 올리다

무게를 달다

항공편으로 보내다

배편으로 보내다

문법과 표현 1

A/V-(으)ㄹ 거예요

- 주말에는 쇼핑몰에 사람이 많을 거예요.
- 오늘 소포를 보내면 모레쯤 도착할 거예요.
- 지금 시간에는 은행이 문을 닫았을 거예요.

A/V		
	받침 O	많을 거예요
	받침 ×	올 거예요

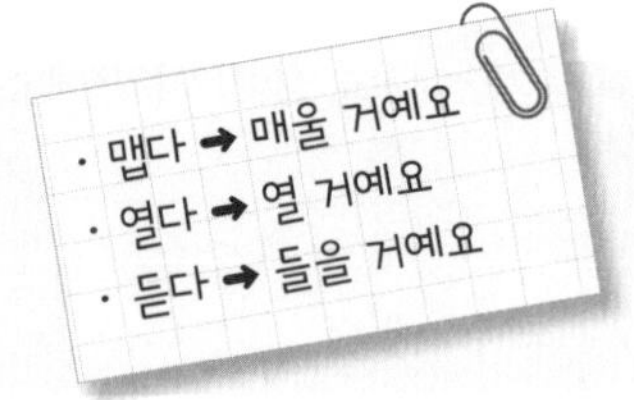

보기 와 같이 이야기해 보세요.

보기

가 이 영화가 어때요?
나 아마 재미있을 거예요.

① 내일 날씨가 어때요?

어제	☀
오늘	☀
내일	?

② 줄리 씨가 지금 뭐해요?

③ 청바지에는 뭐가 어울려요?

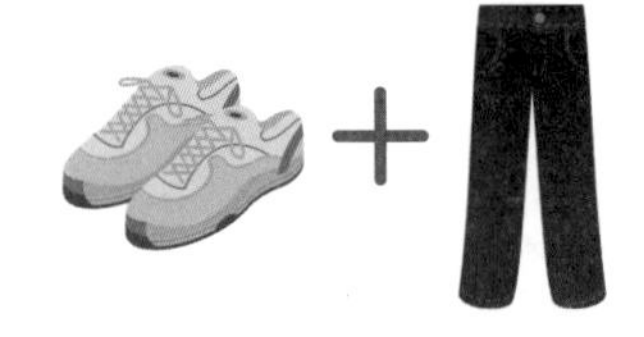

보기 와 같이 이야기해 보세요.

보기

가 하경 씨가 언제 면접을 봤어요?
나 아마 어제 면접을 봤을 거예요.

알고 싶은 것	추측
✓ ① **하경 씨가 언제 면접을 봤어요?**	**어제**
② 루카스 씨 부모님이 어디에 가셨어요?	인사동
③ 빅토르 씨가 어제 누구를 만났어요?	미린
④ 선생님이 언제 대학을 졸업하셨어요?	?

새단어 쇼핑몰 | 모레 | 아마

문법과 표현 2

A/V-(으)ㄹ까요?

- 가 하경 씨가 무슨 영화를 좋아할까요?
  나 잘 모르겠어요. 하경 씨에게 한번 물어 보세요.
- 가 이 음식이 적을까요?
  나 네, 손님이 5명 오니까 좀 더 필요할 거예요.

받침 ○	좋을까요?
받침 ×	만날까요?

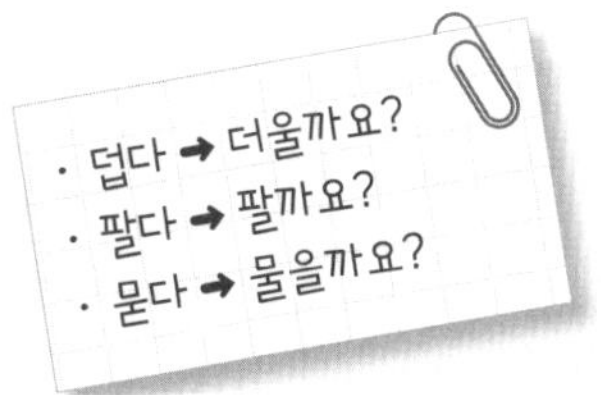

보기 와 같이 이야기해 보세요.

보기

이 책, 어렵다

가 이 책이 어려울까요?
나 아마 어려울 거예요.

① 
기숙사 생활, 편하다

② 

비행기 좌석, 있다

③ 

박물관, 오늘 문을 열다

④ 
이 사람, 베트남 사람

내일 친구하고 춘천으로 여행을 갑니다. 보기 와 같이 이야기해 보세요.

보기

가 서울에서 춘천까지 얼마나 걸릴까요?

○	×
나 아마 1시간 반쯤 걸릴 거예요.	글쎄요, 잘 모르겠어요.

✓ ① **서울에서 춘천까지 얼마나 걸리다**
② 춘천에서 배를 탈 수 있다
③ 무슨 음식을 먹으면 좋다
④ 몇 시쯤 집에 도착하다

새단어 물어보다

말하기 1

1 보기 와 같이 이야기해 보세요.

보기

폴	안녕하세요? 인터넷 뱅킹을 신청하려고 하는데요.
직원	저희 은행에 통장이 있으시지요?
폴	네, 있습니다.
직원	신분증을 좀 보여 주시겠어요?
폴	여기 있어요.
직원	이 신청서에 성함과 생년월일, 인터넷 뱅킹 ID를 써 주세요.
폴	네, 여기 있어요. 언제부터 인터넷 뱅킹을 할 수 있을까요?
직원	은행 홈페이지에 등록한 후에 바로 이용할 수 있을 거예요.
폴	알겠습니다. 감사합니다.

보기	①	②
인터넷 뱅킹을 신청하다	신용카드를 만들다	고향에 계신 부모님께 돈을 보내다
성함과 생년월일, 인터넷 뱅킹 ID	성함과 연락처, 직장 주소	받으시는 분의 성함과 계좌번호, 금액
언제부터 인터넷 뱅킹을 할 수 있다	신용카드는 언제 받을 수 있다	제 부모님께서 언제 돈을 받으실 수 있다
은행 홈페이지에 등록한 후에 바로 이용할 수 있다	일주일 정도 후에 받을 수 있다	보통 이틀 정도 걸리는데 주말이 있어서 3일쯤 걸리다

2 여러분은 왜 은행에 갑니까? 친구와 이야기해 보세요.

통장을 만들다　　환전하다　　신용 카드를 만들다　　인터넷 뱅킹을 신청하다

 새단어 생년월일 | 등록(을) 하다 | 직장 | 계좌번호 | 금액

문법과 표현 3

V-아도 되다/어도 되다

- 수업이 끝났으니까 집에 가도 됩니다.
- 박물관 밖에서는 사진을 찍어도 돼요.
- 가 여기에 앉아도 돼요?
  나 네, 앉으세요.

ㅏ, ㅗ ○	만나도 되다
ㅏ, ㅗ ×	먹어도 되다
하다	요리해도 되다

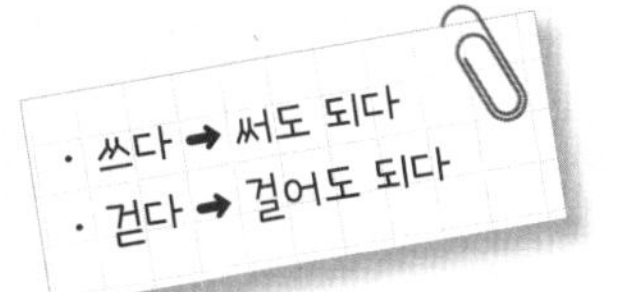

보기 와 같이 이야기해 보세요.

보기

창문/열다

가 창문을 열어도 돼요?
나 네, 열어도 돼요.

① 
에어컨/켜다

② 
음악/크게 듣다

③ 
친구/집에 데리고 가다

④ 
이 바지/입어 보다

다음 장소에서 무엇을 해도 돼요? 보기 와 같이 이야기해 보세요.

보기

가 비행기에서 무엇을 해도 돼요?
나 영화를 봐도 돼요.

✓ **비행기**	✓ **영화를 보다**, 잠을 자다, 음식을 먹다, ____?____
교실	음료수를 마시다, 쉬는 시간에 음악을 듣다, ____?____
기숙사 휴게실	간식을 먹다, 텔레비전을 보다, ____?____

새단어 데리다 | 간식

문법과 표현 4

V-(으)면 안 되다

- 수업 시간에 음식을 먹으면 안 돼요.
- 여기에 쓰레기를 버리면 안 됩니다.
- 가 도서관 안에서 전화해도 돼요?
  나 아니요, 전화하면 안 됩니다.

받침 ○	먹으면 안 되다
받침 ×	가면 안 되다

보기 와 같이 이야기해 보세요.

보기

여기, 오토바이를 타다

가 여기에서 오토바이를 타도 돼요?
나 아니요, 오토바이를 타면 안 돼요.

① 
버스,
음식을 먹다

② 
화장실,
담배를 피우다

③ 
횡단보도 앞,
주차하다

④ 
공연장,
휴대폰을 사용하다

다음 장소에서 무엇을 하면 안 돼요? **보기** 와 같이 이야기해 보세요.

보기

가 공원에서 담배를 피워도 돼요?
나 아니요, 공원에서 담배를 피우면 안 돼요.
가 그럼 강아지를 데리고 가도 돼요?
나 네, 데리고 가도 돼요.

✓**공원** | 극장 | 엘리베이터 | 미술관

뛰다 | 그림을 만지다 | ✓**담배를 피우다** | 의자를 발로 차다 | ______?

사진을 찍다 | 음료수를 마시다 | 문자를 보내다 | ✓**강아지를 데리고 가다** | ______?

새단어 주차하다 | 만지다 | 차다

말하기 2

1 보기 와 같이 이야기해 보세요.

▶ 7-3

보기

폴	하경 씨, 제가 어제 지하철을 탔는데 이상한 일이 있었어요.
이하경	무슨 일이 있었는데요?
폴	지하철에서 분홍색 자리에 앉았는데 사람들이 모두 저를 쳐다봤어요.
이하경	아! 지하철에서 분홍색 자리에 앉으면 안 돼요. 거기는 임산부 자리예요.
폴	그래요? 제가 지하철 예절을 잘 몰라서 실수했네요. 그러면 자전거를 가지고 지하철을 타도 돼요?
이하경	아니요, 주말에는 괜찮지만 평일에는 가지고 타면 안 돼요.
폴	몰랐어요. 앞으로 조심해야 할 것 같아요.

보기	①	②
지하철	버스	KTX
지하철에서 분홍색 자리에 앉다	버스를 탈 때 뒷문으로 타다	객실에서 통화를 오래 하다
거기는 임산부 자리이다	거기는 내리는 문이다	통화는 객실 밖에서 해야 하다
자전거를 가지고 지하철을 타다	버스에서 음료수를 마시다	내릴 때 좌석에 쓰레기를 놓고 내리다
주말에는 괜찮지만 평일에는 가지고 타다	음료수를 마시다	객실에 쓰레기를 놓고 내리다

2 여러분 나라에서는 아래의 행동을 해도 됩니까? 친구와 이야기해 보세요.

한국에서는 수업 시간에 음식을 먹으면 안 돼요.

우리나라하고 좀 다르네요. 우리나라에서는 수업 시간에 음식을 먹어도 돼요.

한국	우리나라

새단어 이상하다 | 분홍색 | 쳐다보다 | 임산부 | 예절 | 뒷문 | 놓다

듣고 말하기

우체국에서 소포를 보내 본 적이 있습니까? 다음을 듣고 대답해 보세요. 7-4

1 이 사람은 무엇을 하려고 합니까?

____

2 소포 안에 무엇이 들어 있습니까? 모두 고르세요.

① 향수 ② 운동화 ③ 장난감 ④ 과자

3 맞는 것을 고르세요.

① 과자는 소포로 보낼 수 없습니다.
② 소포를 배로 보내면 일주일쯤 걸립니다.
③ 소포를 항공편으로 부치면 요금이 2만 원입니다.
④ 국제특급우편으로 보내면 3일 안에 도착할 겁니다.

우체국에서 소포를 보내려고 합니다. 친구와 이야기해 보세요.

이 소포를 베트남에 부치고 싶은데요.

소포 안에 뭐가 들어 있습니까?

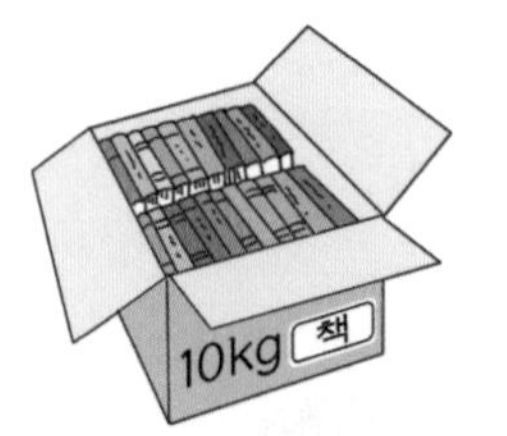

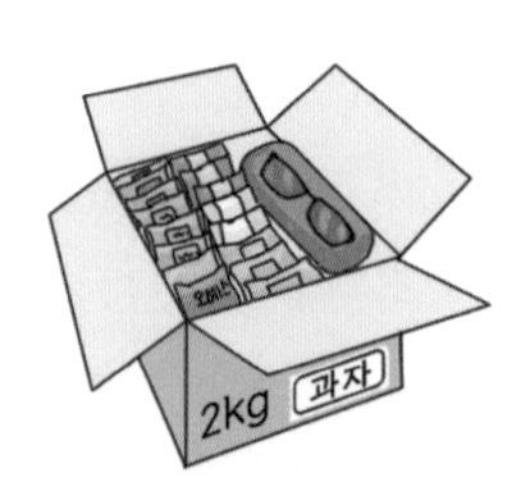

나라	✓ **베트남**	일본	프랑스
무게	6kg	10kg	2kg
요금/기간	항공편 31,500원/10일	항공편 42,000원/10일	항공편 31,000원/15일
	배편 26,000원/세 달	배편 34,000원/한 달	배편 18,500원/두 달

새단어 향수 | 들어 있다

읽고 쓰기

여러분은 인터넷 뱅킹을 이용합니까? 다음을 읽고 대답해 보세요.

여러분은 은행이 문을 닫으면 어떻게 돈을 찾고 보냅니까? 저는 보통 현금 자동 인출기를 이용합니다. 그런데 갑자기 돈을 찾거나 보내야 할 때 현금 자동 인출기를 찾아가야 해서 불편했습니다. 최근에 인터넷 뱅킹을 이용했는데 매우 빠르고 편리해서 여러분에게 인터넷 뱅킹 신청 방법을 소개하려고 합니다.

인터넷 뱅킹을 이용하려면 먼저 은행에 가서 인터넷 뱅킹을 신청해야 합니다. 은행에서 번호표를 뽑고 기다리면 직원이 번호를 부릅니다. 그때 창구에 가서 직원에게 신분증을 주고 인터넷 뱅킹 신청서를 씁니다. 이름과 연락처, 인터넷 뱅킹 ID를 쓰고 도장을 찍습니다. 도장이 없으면 서명을 해도 됩니다. 신청서를 쓰고 나면 직원이 잠시 동안 쓸 수 있는 비밀번호를 줍니다. 이 비밀번호와 인터넷 뱅킹 ID로 은행 홈페이지에 들어가서 등록을 하면 됩니다. 하지만 이 비밀번호는 나중에 꼭 새 번호로 바꿔야 합니다. 새 비밀번호는 은행 홈페이지와 스마트폰 앱에서도 사용할 수 있기 때문에 잊어버리면 안 됩니다.

저는 어젯밤에 인터넷 서점에서 책 두 권을 주문했습니다. 현금 자동 인출기에 가지 않고 바로 인터넷 뱅킹으로 송금할 수 있어서 좋았습니다. 여러분도 인터넷 뱅킹을 이용해 보세요. 은행에 직접 가지 않고 집에서 은행 일을 할 수 있어서 매우 편할 겁니다.

새단어 갑자기 | 최근 | 번호표 | 뽑다 | 창구

1 이 사람은 왜 이 글을 썼습니까?

① 인터넷 뱅킹 신청 방법을 소개하려고
② 은행에서 지켜야 하는 예절을 안내하려고
③ 현금 자동 인출기의 편리한 점을 설명하려고
④ 비밀번호를 자주 바꾸어야 하는 이유를 알려 주려고

2 인터넷 뱅킹을 신청하는 방법을 순서대로 쓰세요.

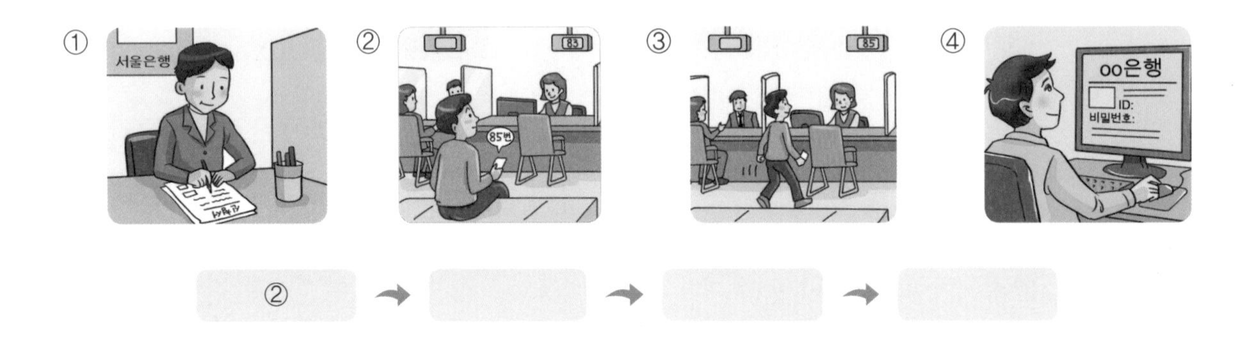

② → ____ → ____ → ____

3 글의 내용과 맞으면 O, 틀리면 X 하세요.

① 이 사람은 어제 책값을 인터넷 뱅킹으로 보냈습니다.
② 인터넷 뱅킹을 신청하려면 신분증과 도장이 필요합니다.
③ 은행 홈페이지에 등록한 후에는 새 비밀번호를 만들어야 합니다.
④ 인터넷 뱅킹 신청서를 쓰면 직원이 인터넷 뱅킹 ID를 알려 줍니다.

새단어 안내하다

여러분은 한국에서 은행에 간 적이 있습니까? 무슨 일을 했습니까? 은행에서 한 일을 소개하는 글을 써 보세요.

은행에 간 이유	□ 통장을 만들다 □ 현금 카드를 만들다 □ 돈을 보내다 □ 인터넷 뱅킹을 신청하다 □ 환전하다 □ ________
필요한 것	□ 신분증 □ 도장 □ 통장 □ ________
은행에서 한 일	① ② ③ ④

저는 -(으)러 은행에 갔습니다.

더 배워봅시다

ATM 이용하는 방법

입금이나 출금을 선택합니다.

카드를 넣습니다.

카드와 명세서를 받습니다.

금액을 누릅니다.

비밀번호를 누릅니다.

금액을 확인합니다

새단어 명세서

경음화 2

7-5

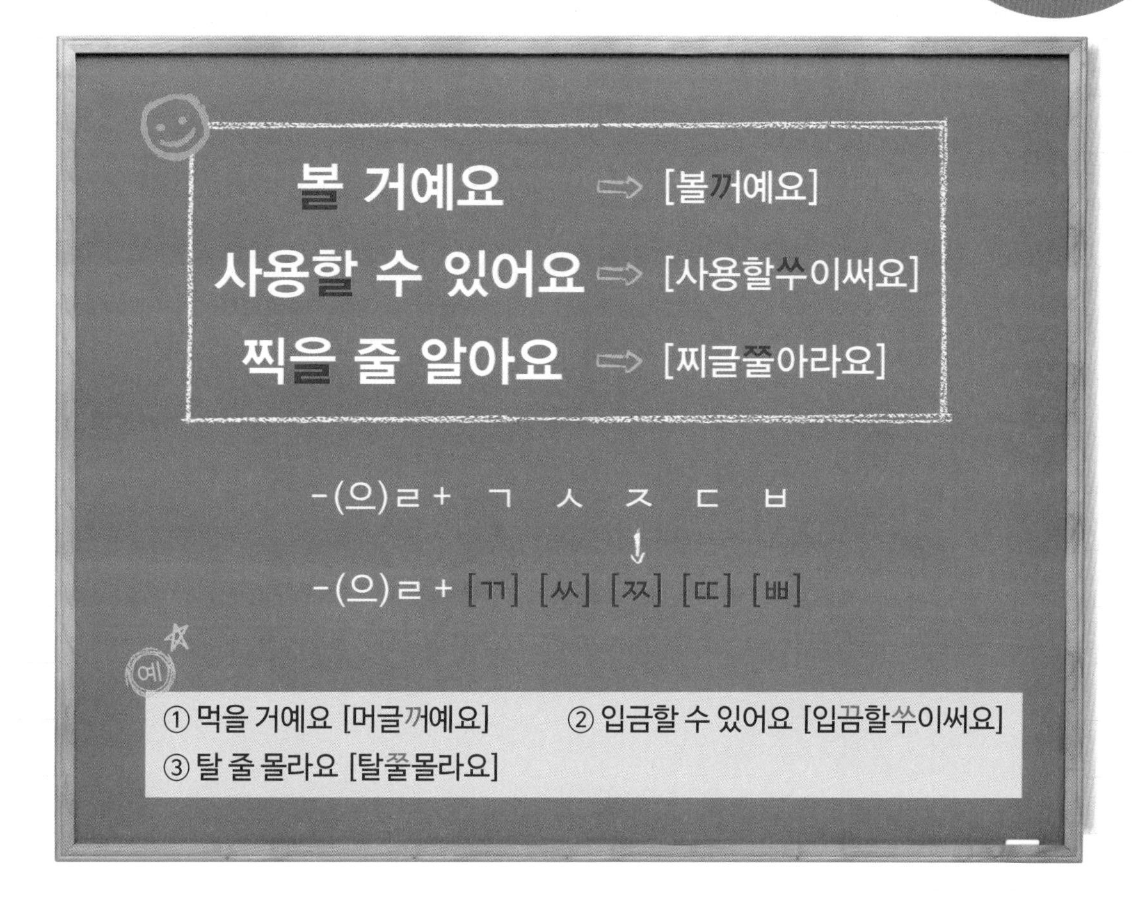

들어 보세요.

① 누를게요
② 쓸 줄 알아요
③ 만들 수 있어요
④ 예쁠 거예요

듣고 따라해 보세요.

① 내일 다시 신분증을 가져올게요.

② 인터넷 뱅킹으로 돈을 보낼 수 있습니다.

③ **가** 피아노를 칠 줄 알아요?
나 아니요, 칠 줄 몰라요.

④ **가** 오늘 소포를 보내면 언제쯤 도착할까요?
나 모레쯤 도착할 거예요.

Unit 8

영수증이 필요한지 몰랐어요

학습목표

어휘	의복 교환
문법과 표현 1	V-아 드릴까요?/어 드릴까요?
문법과 표현 2	N에 비해(서)
말하기 1	물건 교환하기
문법과 표현 3	'르' 불규칙
문법과 표현 4	A-(으)ㄴ지 알다/모르다, V-는지 알다/모르다, N인지 알다/모르다
말하기 2	인터넷 쇼핑 경험에 대해 말하기
듣고 말하기	교환 · 환불하는 방법에 대한 뉴스 듣기 교환 · 환불한 경험에 대해 말하기
읽고 쓰기	물건 교환 경험에 대한 글 읽기 물건 교환 경험에 대한 글 쓰기
문화	옷과 신발 사이즈

들어요

8-1

직원 어서 오세요. 뭘 도와 드릴까요?

장홍 며칠 전에 이 모자를 샀는데 한 사이즈 큰 걸로 교환하고 싶어요.

직원 손님, 죄송합니다. 그 모자는 큰 사이즈가 없습니다.
다른 모자는 큰 사이즈가 있는데 한번 골라 보시겠어요?

장홍 글쎄요. 이 회색 모자가 제 코트하고 잘 어울려서 사고 싶었는데요.

직원 그러세요? 그럼 환불해 드릴까요?

장홍 네, 환불해 주세요. 이 모자가 가격에 비해서 품질이 좋은데 아쉽네요.

직원 현금으로 결제하셨나요?

장홍 아니요, 카드로 했어요.

직원 그럼 영수증과 결제한 카드를 주시겠어요?

장홍 지금 영수증이 없는데 어떻게 하지요?

직원 환불을 하시려면 영수증이 꼭 있어야 해요.

장홍 그래요? 영수증이 필요한지 몰랐어요.
내일 영수증을 가지고 다시 올게요.

1. 왜 모자를 환불하려고 해요?
2. 모자가 가격에 비해서 어때요?
3. 환불하려면 무엇이 필요해요?

어휘

의복

가 장홍 씨는 안경을 쓰고 배낭을 멨어요.

나 자르갈 씨는 코트를 입고 핸드백을 들었어요.

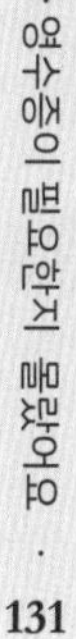

교환

고르다

계산하다

포장하다

교환하다

환불하다

반품하다

가 옷이 마음에 드세요?

나 사이즈가 좀 큰 것 같아요.

문법과 표현 1

V-아 드릴까요?/어 드릴까요?

- 가 어서 오세요. 뭘 도와 드릴까요?
  나 어제 산 옷을 교환하러 왔어요.
- 가 창문 좀 열어 드릴까요?
  나 네, 열어 주세요.

V	
ㅏ, ㅗ ○	닫아 드릴까요?
ㅏ, ㅗ ×	가르쳐 드릴까요?
하다	교환해 드릴까요?

· 쓰다 ➔ 써 드릴까요?
· 돕다 ➔ 도와 드릴까요?
· 젓다 ➔ 저어 드릴까요?

보기 와 같이 이야기해 보세요.

보기

볼펜을 빌리다

가 제가 볼펜을 빌려 드릴까요?
나 네, 좀 빌려 주세요.

① 

사진을 찍다

② 

불을 끄다

③ 

라디오를 켜다

④ 

가방을 들다

여행을 가려고 합니다. 보기 와 같이 이야기해 보세요.

보기

가 어떤 여행 상품을 예약해 드릴까요?
나 자유여행을 예약해 주세요.

✓ ① 어떤 여행 상품을 예약하다	☑ 자유여행		☐ 패키지여행
② 어떤 숙소를 찾다	☐ 펜션	☐ 호텔	☐ 게스트하우스
③ 여행 보험에 가입하다	☐ 가입	☐ 미가입	
④ 여행 정보를 어떻게 보내다	☐ 문자	☐ 이메일	

새단어 불 | 자유여행 | 보험 | 미가입

문법과 표현 2

N에 비해(서)

- 이 노트북은 가격에 비해서 성능이 좋아요.
- 제 친구는 많이 먹는 것에 비해서 살이 안 쪄요.
- 시장은 마트에 비해 물건값이 싸요.

V	받침 O, ×	가격에 비해(서) 나이에 비해(서)

보기 와 같이 이야기해 보세요.

보기

30,000원

코트/값, 품질이 좋다

가 이 코트 어때요?
나 값에 비해서 품질이 좋아요.

① 

안경/얼굴, 크다

② 

교실/학생 수, 넓다

③ 43,000원

음식/양, 비싸다

④ 공부 2시간

시험 성적/공부한 것, 잘 나왔다

보기 와 같이 이야기해 보세요.

보기

도시 시골

가 도시는 시골에 비해 어때요?
나 도시는 시골에 비해 복잡해요.

① 올해 날씨 작년 날씨

② 읽기 시험 듣기 시험

③ 전통 시장 백화점

④ 한국 음식 고향 음식

새단어 성능 | 살이 찌다 | 양 | 성적이 나오다 | 도시 | 시골 | 전통 시장

말하기 1

8-2

1 보기 와 같이 이야기해 보세요.

보기

직원 어서 오세요. 뭘 찾으세요?

조엔 어제 이 반바지를 샀는데 다른 걸로 바꾸고 싶어요.

직원 왜요? 마음에 안 드세요?

조엔 집에 가서 입어 보니까 길이가 긴 것 같아요.

직원 그럼 이건 어때요? 그 바지에 비해서 더 짧아요.

조엔 그래요? 한번 입어 볼까요?

(잠시 후)

직원 손님께 잘 어울리네요. 이걸로 바꿔 드릴까요?

조엔 네, 이걸로 주세요.

보기	①	②
반바지	가방	구두
입어 보니까 길이가 길다	들어 보니까 좀 무겁다	신어 보니까 굽이 높다
그 바지/더 짧다	그 가방/더 가볍다	그 구두/굽이 더 낮다
입어 보다	들어 보다	신어 보다
바꾸다	교환하다	포장하다

2 여러분이 산 물건을 교환하고 싶습니다. 직원과 손님이 되어 이야기해 보세요.

어서 오세요. 뭘 도와 드릴까요?

어제 이 옷을 샀는데 교환하고 싶어요.

①

②

- 사이즈
- 색깔
- ?

새단어 반바지

문법과 표현 3

'르' 불규칙

- 지금은 버스보다 지하철이 빨라요.
- 아버지 선물로 넥타이를 골랐어요.
- 노래를 많이 불러서 목이 아파요.

A/V		
	빠르다 + -아요 → 빠르(→빨) + ㄹ + -아요	빨라요
	부르다 + -어요 → 부르(→불) + ㄹ + -어요	불러요

친구하고 이야기해 보세요.

①

자르다

가 어디에서 머리를 자르세요?
나 보통 학교 앞 미용실에서 ______-아요/어요.

②
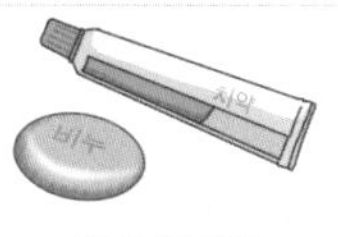

오르다

가 요즘 생활비가 너무 많이 들어요.
나 맞아요. 물건 값이 많이 ______-았어요/었어요.

③

고르다

가 죄송하지만 여자 화장품은 어디에 있나요?
나 이쪽에 있으니까 한번 ______-아/어 보세요.

④

다르다

가 왜 동생하고 자주 싸워요?
나 서로 성격이 ______-아서/어서 자주 싸워요.

새단어 자르다 | 오르다

문법과 표현 4

A-(으)ㄴ지 알다/모르다, V-는지 알다/모르다, N인지 알다/모르다

- 행복백화점에 어떻게 가는지 알아요?
- 폴 씨가 왜 학교에 안 왔는지 모르겠어요.
- 물건을 교환할 때 무엇이 필요한지 몰랐어요.

- 가 저 사람이 누구인지 아세요?
  나 아니요, 저도 잘 몰라요.

V	받침 O	작은지 알다/모르다
	받침 ×	큰지 알다/모르다
V	받침 O, ×	읽는지 알다/모르다 쓰는지 알다/모르다
N	받침 O, ×	며칠인지 알다/모르다 누구인지 알다/모르다

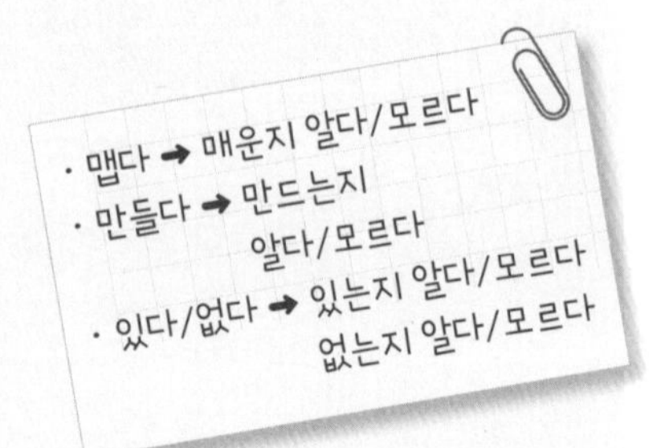

보기 와 같이 이야기해 보세요.

보기

물건을 교환할 때 무엇이 필요하다

가 물건을 교환할 때 무엇이 필요한지 알아요?
나 네, 알아요. 영수증이 필요해요.

①

서울에서 부산까지 얼마나 걸리다

②

한국에서 몇 월이 가장 춥다

③

요즘 영화표가 얼마이다

④

어제 누가 지각했다

새단어 영수증

보기 와 같이 이야기해 보세요.

보기

가 요즘 어떤 드라마가 재미있는지 알아요?

나 아니요, 요즘 어떤 드라마가 재미있는지 몰라요.

✓ ① **요즘 어떤 드라마가 재미있다**

② 제주도는 뭐가 유명하다

③ 한국 기념품을 어디에서 팔다

④ 어학원 전화번호가 몇 번이다

⑤ 미린 씨가 왜 일찍 집에 갔다

여러분은 한국에 대해서 얼마나 알아요? **보기** 와 같이 이야기해 보세요.

보기

가 한국에서는 설날에 무엇을 먹는지 알아요?

나 네, 무엇을 먹는지 알아요. 떡국이에요.

질 문	알아요	몰라요
✓ ① **한국에서는 설날에 무엇을 먹어요?**	✓	
② 한글을 누가 만들었어요?		
③ 한국의 전통 옷이 뭐예요?		
④ 한국의 수도가 어디예요?		
⑤ 한국의 꽃이 뭐예요?		
⑥ 한국의 추석이 언제예요?		
⑦ 한국의 대통령이 누구예요?		
⑧ 한국에서 어느 산이 가장 높아요?		
⑨ 한국에서는 집들이 때 무엇을 선물해요?		
⑩ 한국 사람들은 무슨 음식을 가장 좋아해요?		
'알아요'가 몇 개입니까?	______ 개	

★	0-3개	★★★	4-6개	★★★★★	7-10개
	한국을 조금 알아요.		한국을 잘 알아요.		한국을 아주 잘 알아요.

새단어 대통령

말하기 2

8-3

1 보기 와 같이 이야기해 보세요.

보기

장홍 미린 씨, 인터넷 쇼핑을 한 적 있어요?

미린 그럼요. 저는 주로 인터넷으로 물건을 사요. 참 편리하고 좋아요.

장홍 그래요? 저는 인터넷 쇼핑이 뭐가 편리한지 잘 모르겠어요.

미린 인터넷으로 쇼핑하면 집에서 물건을 살 수 있고 배송도 빨라요.

장홍 그렇기는 하지만 저는 인터넷으로 주문할 때 실수를 자주 해요.

미린 무슨 실수요?

장홍 며칠 전에도 인터넷으로 로션을 샀는데 선크림이 왔어요.
확인해보니까 주문창에서 선크림 버튼을 눌렀어요.

미린 그럼 교환을 하면 돼요. 저도 주문을 잘못해서 교환해 봤어요.

장홍 인터넷 쇼핑은 교환하는 방법이 너무 복잡해요.
저는 인터넷보다 가게에서 직접 물건을 사는 게 더 좋은 것 같아요.

보기	①	②
뭐가 편리하다	뭐가 좋다	왜 인기가 있다
로션	프라이팬	무선 이어폰
선크림	냄비	유선 이어폰
선크림 버튼을 누르다	냄비를 선택하다	유선 이어폰을 고르다
교환	반품	환불

2 여러분은 인터넷 쇼핑을 해 봤습니까? 친구와 같이 이야기해 보세요.

질문	나	친구
인터넷으로 뭘 샀어요? 마음에 들었어요?		
인터넷 쇼핑은 뭐가 좋아요?		
인터넷 쇼핑은 뭐가 불편해요?		

새단어 주로 | 배송 | 주문창 | 잘못하다 | 로션 | 선크림 | 무선 | 이어폰 | 유선

듣고 말하기

8-4

여러분은 SNS로 물건을 산 적이 있습니까? 다음을 듣고 대답해 보세요.

1 뉴스를 듣고 알 수 있는 것은 무엇입니까?

① SNS마켓의 편리한 점
② SNS로 환불할 때 걸리는 시간
③ SNS마켓에서 쇼핑을 하는 이유
④ SNS로 산 물건을 교환하는 방법

2 SNS로 물건을 사는 사람들이 교환이나 환불을 하는 가장 큰 이유는 무엇입니까?

① 품질이 안 좋아서
② 사용한 물건을 받아서
③ 물건에 문제가 있어서
④ SNS에서 본 물건과 달라서

3 맞는 것을 고르세요.

① 물건에 문제가 있으면 3개월 안에 반품할 수 있습니다.
② 물건을 사용하고 마음에 들지 않으면 환불할 수 있습니다.
③ 물건을 주문하고 나서 7일 안에 교환 신청을 해야 합니다.
④ 올해 SNS로 물건을 산 사람이 작년보다 30% 늘었습니다.

여러분은 SNS마켓에서 교환이나 환불을 해 봤습니까? 친구하고 이야기해 보세요.

SNS로 뭘 샀어요?

티셔츠를 샀어요.

왜 교환했어요?

입어 보니까 저에게 안 어울렸어요.

⋮

질문	나	친구
SNS로 산 물건		
교환이나 환불을 한 이유		
교환이나 환불할 때 어려운 점		

새단어 경제 | 디자인 | 등(etc.) | 시청자 | 만약

읽고 쓰기

여러분은 물건을 교환해 본 적이 있습니까? 다음을 읽고 대답해 보세요.

저는 인터넷 쇼핑을 좋아합니다. 인터넷에서 파는 물건은 시장이나 백화점에 비해서 싸고 종류도 다양합니다. 또 쇼핑하는 시간을 아낄 수 있고 배송도 빨라서 편리합니다.

며칠 전에 인터넷으로 원피스를 샀습니다. 여러 가지 색깔이 있었지만 친구들과 바다에 갈 때 입으려고 파란색을 골랐습니다. 이틀 후에 원피스가 도착했습니다. 색깔과 디자인은 마음에 들었습니다. 하지만 사이즈가 생각보다 작았습니다.

그래서 한 사이즈 큰 옷으로 바꾸려고 교환 신청을 했습니다. 그런데 교환 배송비가 있는지 몰랐습니다. 옷에 문제가 있어서 교환할 때는 배송비가 없습니다. 그러나 고객 실수로 옷을 바꿀 때에는 교환 배송비가 있습니다. 그리고 물건을 무료로 받았기 때문에 그 배송비도 내야 합니다. 제가 주문을 잘못했지만 배송비를 많이 내서 속상했습니다.

인터넷 쇼핑은 편리하기는 하지만 물건을 직접 볼 수 없습니다. 특히 옷을 살 때에는 입어 볼 수 없기 때문에 사이즈를 잘 알아야 합니다. 그러므로 인터넷 쇼핑을 잘 하려면 꼭 상품 정보를 확인해야 합니다.

1 인터넷 쇼핑의 좋은 점이 아닌 것을 고르세요.

① 물건의 종류가 많습니다.
② 물건을 천천히 고를 수 있습니다.
③ 백화점에서 파는 물건보다 쌉니다.
④ 주문한 물건을 빨리 받을 수 있습니다.

2 이 사람은 교환할 때 왜 배송비를 냈습니까?

____

3 맞는 것을 고르세요.

① 원피스 디자인이 마음에 들지 않았습니다.
② 친구에게 선물하려고 파란색 원피스를 샀습니다.
③ 인터넷에서 파는 옷은 보통 사이즈가 더 작습니다.
④ 문제가 있는 옷을 교환하면 배송비를 내지 않습니다.

새단어 아끼다 | 파란색 | 배송비 | 고객 | 속상하다 | 그러므로

여러분은 어떤 물건을 교환해 봤습니까? 교환 경험을 써 보세요.

① 어디에서 물건을 샀습니까?

② 어떤 물건을 샀습니까?

③ 왜 교환을 했습니까?

④ 물건을 살 때 무엇을 확인해야 합니까?

더 배워봅시다

교환이나 반품을 하려면 어떻게 해야 할까요?

교환·반품 안내

1. 배송받은 상품을 확인해 주세요.

2. 교환이나 반품을 하려면 상품을 받은 후 7일 안에 신청해 주세요.

3. 교환이나 반품하려는 상품을 다시 포장해서 보내 주세요.

4. 보낸 상품을 확인한 후에 교환이나 반품을 해드립니다.

※ 세탁하거나 사용한 상품은 교환·반품이 안 됩니다.

교환·반품 신청서

고객명		연락처	
상품명			
교환·반품	□ 교환	□ 반품	
교환·반품 이유			
배송 방법	□ 택배 기사 방문	□ 고객 직접 배송	

새단어 세탁하다 | 고객명 | 상품명 | 택배 기사

문화

옷과 신발 사이즈

한국에서 옷이나 신발을 살 때 사이즈를 어떻게 말할까요?

옷 사이즈

*한국과 미국에는 두 종류의 옷 사이즈가 있습니다.

한국		미국(US)		유럽(EU)	영국(UK)
44	85	0	XS	34	4~6
55	90	2~4	S	36	8~10
66	95	6~8	M	38	10~12
77	100	16~12	L	40	14~16
88	105	14~16	XL	42	18~20

신발 사이즈

남자			
한국	미국(US)	유럽(EU)	영국(UK)
240	6	38.5	5.5
245	6.5	39	6
250	7	40	6.5
255	7.5	40.5	7
260	8	41	7.5
265	8.5	42	8
270	9	42.5	8.5
275	9.5	43	9
280	10	44	9.5

여자			
한국	미국(US)	유럽(EU)	영국(UK)
220	5	36	2.5
225	5.5	36.5	3
230	6	37	3.5
235	6.5	37.5	4
240	7	38	4.5
245	7.5	38.5	5
250	8	39	5.5
255	8.5	39.5	6
260	9	40	6.5

모범 답안

Unit 1 저는 미린이라고 합니다

듣고 말하기 p.28

1 ①

2 캐빈 씨는 대학원에서 한국 영화를 공부하고 싶어 합니다.

3 ②

읽고 쓰기 p.29

1 ②

2 ③

3 반 친구들이 모두 친절하고 재미있어서 좋아합니다.

Unit 2 기타를 조금 칠 줄 알아요

듣고 말하기 p.43

1 ④

2 케이팝 노래 수업을 듣기로 했습니다.

3 ①

읽고 쓰기 p.44

1 캘리그래피입니다.

2 ②

Unit 3 여보세요? 조엔 씨 휴대폰이지요?

듣고 말하기 p.60

1 ④

2 오늘 7시에 홍대 앞에서 합니다.

3 ①

읽고 쓰기 p.61

1 스마트폰은 인터넷 기능이 있어서 작은 컴퓨터를 손에 들고 있는 것과 같습니다.

2 ① (○) ② (×) ③ (○) ④ (×)

Unit 4 저는 죽을 먹어 본 적이 없어요

듣고 말하기 p.75

1 요리사입니다.

2 ④

3 ③

읽고 쓰기 p.77

1 쇠고기, 양파, 당근, 파, 버섯

2 ③ → ② → ① → ④

3 ③

Unit 5 창가 자리로 예약했으면 좋겠어요

듣고 말하기 p.90

1 파리에 가려고 합니다.

2 ④

3 ①

읽고 쓰기 p.91

1 인터넷으로 호텔 예약하는 방법을 소개하고 있습니다.

2 ② → ⑤ → ④ → ① → ③

3 ④

Unit 6 기숙사에서 살다가 한 달 전에 이사했어요

듣고 말하기 p.107

1 ④

2

<집 볼 때 확인한 것>

☐교통이 편리합니까?
☑방이 큽니까? 작습니까?
☑방 안에 어떤 시설이 있습니까?
→ ☐ 침대 ☑ 에어컨 ☑ 냉장고 ☐ 신발장 ☑ 세탁기 ☐ 텔레비전
☐화장실에 창문이 있습니까? 없습니까?
☑관리비는 얼마입니까?
☐집주인의 전화번호는 몇 번입니까?

3 ①

◐ 읽고 쓰기

p.108

1 방이 2개라서 룸메이트를 찾고 있습니다.

2 ① (×)　② (×)　③ (○)　④ (×)

3

룸메이트를 찾습니다!

- **집** : 아파트(방2, 욕실1, 거실, 부엌, 베란다)
  지은 지 10년 정도 되었 지만 고쳐서 **깨끗합니다**.
- **위치** : 학교까지 **걸어서** 아서/어서 **15** 분
- **집 안 시설** : ☑ **가전제품**　☑ 가구
- **집 주변** : ☑ 마트　☑ **지하철역**
- **집세** : 보증금 1,000만 원
  월세 : **80만 원**
  관리비 : **8만 원** (인터넷 요금도 포함합니다!)

※ **고양이를 좋아하시는 분이면** 좋겠습니다.

전화번호: **010-2143-7865**

Unit 7 현금카드는 언제부터 사용할 수 있을까요?

◐ 듣고 말하기

p.122

1 중국에 소포를 부치려고 합니다.

2 ②, ④

3 ④

◐ 읽고 쓰기

p.124

1 ①

2 ② → ③ → ① → ④

3 ① (○)　② (○)　③ (○)　④ (×)

Unit 8 영수증이 필요한지 몰랐어요

◐ 듣고 말하기

p.139

1 ④

2 ④

3 ①

◐ 읽고 쓰기

p.140

1 ②

2 고객 실수로 옷을 바꿨기 때문에 배송비를 냈습니다.

3 ④

듣기 지문

Unit 1 저는 미린이라고 합니다

p.28

남자1 줄리 씨, 이분이 미국에서 온 캐빈 씨예요.

남자2 처음 뵙겠습니다. 캐빈이라고 합니다.

여자 반갑습니다, 줄리예요. 이야기 많이 들었어요. 캐빈 씨는 무슨 일을 하세요?

남자2 기자예요. 방송국에서 일한 지 3년쯤 됐어요.

여자 네. 그런데 왜 한국어를 공부하세요?

남자2 한국에서 대학원에 들어가려고 한국어를 공부해요.

여자 대학원에서 뭘 전공하고 싶으세요?

남자2 한국 문화에 관심이 많아서 한국 영화를 공부하고 싶어요.

여자 정말이세요? 저도 한국 영화를 좋아해서 한국어를 배우고 있어요.

남자1 잘 됐네요. 줄리 씨가 한국 영화 동아리 회장이니까 캐빈 씨 좀 도와주세요.

남자2 아, 그러세요? 줄리 씨, 제가 모르는 것이 많아요. 앞으로 잘 부탁드립니다.

여자 아니에요. 저도 잘 부탁드려요.

Unit 2 기타를 조금 칠 줄 알아요

p.43

여자 루카스 씨, 문화 센터에서 무슨 수업을 들을 거예요?

남자 생각보다 프로그램이 다양해서 아직 결정 못 했어요. 줄리 씨가 좀 도와주세요..

여자 좋아요. 요즘 관심이 있는 게 뭐예요?

남자 케이팝 노래하고 댄스예요. 그리고 요리 수업에도 관심이 많아요.

여자 요리는 다음 달 문화체험 때 하기로 했으니까 노래나 춤이 어때요?

남자 아, 맞아요. 제가 그 생각을 못 했네요.

여자 그런데 루카스 씨는 목소리도 좋고 노래도 잘해요. 왜 케이팝을 배우려고 해요?

남자 한 달 후에 여자 친구 생일이에요. 그래서 여자 친구가 좋아하는 케이팝 노래를 해 주고 싶어요. 춤도요.

여자 우와, 루카스 씨 참 멋있어요. 그럼 케이팝 노래 수업을 들으세요. 춤은 제가 가르쳐 줄게요.

남자 고마워요. 하지만 제가 춤을 전혀 출 줄 몰라요.

여자 괜찮아요. 처음에는 조금 힘들지만 열심히 연습하면 잘할 수 있어요.

남자 알겠어요. 제가 노력해 볼게요.

여자 좋아요. 먼저 케이팝 노래부터 신청하세요.

남자 네, 지금 바로 할게요.

Unit 3 여보세요? 조엔 씨 휴대폰이지요?

p.60

여자 여보세요, 거기 세계무역회사지요?

남자1 네, 맞습니다.

여자 죄송하지만 빅토르 씨 좀 부탁합니다.

남자1 네, 잠깐만 기다리세요.

(잠시 후)

남자2 여보세요? 전화 바꿨습니다.

여자 빅토르 씨, 저 자르갈인데요. 휴대폰을 안 받아서 회사로 전화했어요.

남자2 미안해요, 자르갈 씨. 회의 중이라서 전화를 못 받았어요.

여자 혹시 제가 보낸 문자 메시지 확인했어요?

남자2 아니요. 아직 못 했는데요. 무슨 일 있어요?

여자 빅토르 씨도 오늘 우리 반 모임에 오지요?

남자2 그럼요. 여섯 시까지 홍대 앞으로 갈 건데요. 왜요?

여자 오늘 늦는 친구들이 많아서 시간을 바꿨어요. 일곱 시까지 오세요.

남자2 네, 알겠어요. 다른 친구들도 바꾼 시간을 아

나요?

여자 네, 제가 반 친구들에게 모두 문자를 보냈어요. 그런데 폴 씨만 답장이 없고 휴대폰도 계속 통화 중이에요.

남자2 그래요? 저도 폴 씨에게 전화해 볼게요. 자르갈 씨가 많이 힘들겠어요.

여자 아니에요. 이따가 만나요.

Unit 4 저는 죽을 먹어 본 적이 없어요

p.75

남자 안녕하세요? 오늘은 한국 전통 음식 요리사이신 김영희 선생님을 만나보겠습니다. 선생님, 안녕하세요?

여자 네, 안녕하세요?

남자 이 식당을 시작하신 지 얼마나 되셨어요?

여자 삼십 년쯤 됐어요. 외국 여행자들이 SNS에 우리 식당을 소개하고 나서 손님이 더 늘었어요.

남자 지금도 외국 손님들이 많은데요. 이렇게 외국인들이 한식을 좋아하는 이유가 뭘까요?

여자 여러 가지 이유가 있는데요. 먼저 한식은 채소를 많이 넣어서 건강에 좋고 맛도 있어요. 그리고 다른 외국 음식하고도 잘 어울려요. 불고기버거 드셔보셨지요?

남자 네, 그럼요.

여자 불고기 버거는 우리 전통 음식인 불고기를 빵에 넣어서 만든 퓨전 음식이에요.

남자 아, 그러네요. 우리가 자주 먹는 양념 치킨도 퓨전 음식이고요.
선생님, 그럼 한식을 먹어 본 적이 없는 외국인에게 소개하고 싶은 요리가 있으세요?

여자 네, 저는 잡채를 소개하고 싶어요. 잡채는 맵거나 짜지 않기 때문에 외국인들의 입맛에 잘 맞아요. 그리고 잡채 안에는 채소, 고기, 면이 모두 들어있어서 다양한 재료를 한 번에 먹을 수 있어요. 그래서 저는 외국인들에게 잡채를 추천합니다.

남자 네, 선생님. 이야기 잘 들었습니다. 지금까지 인터뷰해 주셔서 감사합니다.

Unit 5 창가 자리로 예약했으면 좋겠어요

p.90

남자 안녕하십니까? 서울 항공입니다.

여자 파리에 가는 비행기 표를 예약하려고 하는데요. 7월 9일에 출발하는 표가 있나요?

남자 네, 오후 1시에 있습니다. 9일로 예약해 드릴까요?

여자 네, 그리고 23일이나 24일에 돌아오는 표도 예약해 주세요.

남자 손님, 죄송합니다. 23일과 24일은 모두 만석입니다. 25일 이후밖에 좌석이 없습니다.

여자 그래요? 그럼 25일로 예약해 주시고 23일은 대기자 명단에 올려 주셨으면 좋겠어요.

남자 알겠습니다. 성함과 전화번호를 말씀해 주십시오.

여자 제 이름은 줄리이고 전화번호는 010-7539-0434입니다.

남자 7월 9일에 인천을 출발해서 25일에 돌아오는 일정으로 예약되셨습니다.
손님 예약번호는 2345에 0045입니다.

여자 그런데 좌석을 미리 정하려면 어떻게 해야 하나요?

남자 비행기 표를 결제하시면 바로 좌석을 선택하실 수 있습니다.

여자 그래요? 좌석은 전화로만 선택할 수 있나요?

남자 아니요, 전화 대신 인터넷으로도 하실 수 있습니다.

여자 알겠습니다. 감사합니다.

Unit 6 기숙사에서 살다가 한 달 전에 이사했어요

p.107

남자 안녕하세요? 오늘 2시에 집을 보기로 했는데요.

여자 네, 어서 오세요. 집주인하고 통화했는데 지금 바로 보실 수 있어요. 함께 가시지요?

(잠시 후)

여자 이 건물 2층이에요. 지은 지 1년밖에 안 돼서 깨끗해요.

남자 어, 엘리베이터도 있네요.

여자 네, 새 건물이라서 엘리베이터도 있고 시설도 좋아요. 이 집이에요. (삐 삐 삐)
어때요? 방이 아주 크지요?

남자 네, 창문도 커서 방이 밝아요.

여자 그리고 이쪽에 세탁기, 냉장고가 있고 창문쪽에 에어컨이 있어요. 여기가 화장실인데 한번 보세요.

남자 음, 방이 크기는 하지만 화장실이 좀 작은 것 같아요. 샤워할 때 불편하겠어요.

여자 원룸은 보통 화장실이 작아요. 이거보다 화장실이 크면 방이 작아요.

남자 아, 그래요? 그런데 관리비는 한 달에 얼마예요?

여자 전기, 가스, 수도, 인터넷 요금 모두 포함해서 10만 원이에요.

남자 괜찮네요. 그런데 살다가 집에 문제가 있으면 어떻게 해요?

여자 그럴 때는 집주인한테 연락하세요. 집주인이 고쳐 줄 거예요. 집은 마음에 드세요?

남자 글쎄요. 다른 집도 봤으면 좋겠어요.

여자 그래요. 그렇게 하세요.

Unit 7 현금카드는 언제부터 사용할 수 있을까요?

p.122

남자 이 소포를 중국에 보내려고 하는데요.

여자 그럼 이 종이에 받으시는 분 성함과 주소를 쓰시고 저울 위에 올려 주세요. 소포 안에 뭐가 들어 있습니까?

남자 옷하고 신발이 들어 있어요. 과자도 있는데 보내도 돼요?

여자 네, 괜찮습니다. 소포에 배터리나 향수는 없으시지요?

남자 네, 없어요.

여자 항공편으로 보내실 거예요? 배편으로 보내실 거예요?

남자 요금이 어떻게 되나요?

여자 비행기로 보내면 31,000원이고 배로 보내면 20,000원입니다.

남자 시간은 얼마나 걸릴까요?

여자 비행기는 일주일쯤 걸리고 배는 한 달쯤 걸릴 겁니다.

남자 더 빠른 것은 없을까요? 생일 선물이라서 늦게 도착하면 안 돼요.

여자 그러면 국제특급우편을 이용하세요. 가격은 더 비싸지만 3일 안에 도착할 겁니다.

남자 그럼 그걸로 보내 주세요.

여자 네, 알겠습니다.

Unit 8 영수증이 필요한지 몰랐어요

p.139

여자 친절한 경제 뉴스입니다. 오늘도 최선호 기자와 함께하겠습니다. 최 기자, 요즘 SNS로 물건을 사는 사람들이 많습니다. 하지만 교환하거나 환불하는 사람들도 많지요?

남자 네, 올해 SNS마켓에서 교환이나 환불 신청이 작년에 비해 30% 늘었습니다.

여자 많이 늘었네요. 교환이나 환불을 하는 이유는 주로 무엇입니까?

남자 물건의 색깔, 모양, 디자인 등이 SNS에서 본 것과 달라서 교환이나 환불을 하는 사람이 가장 많았습니다. 그리고 품질이 나쁘거나 물건에 문제가 있어서 교환이나 환불을 하는 사람도 적지 않았습니다.

여자 그런 물건은 바로 교환이나 환불을 받을 수 있습니까?

남자 네. 그런데 어떻게 신청하는지 몰라서 못하는 사람도 많습니다.

여자 그럼, 지금 저희가 시청자 여러분께 SNS마켓에서 교환이나 환불하는 방법을 알려 드릴까요?

남자 네, 물건을 받고 나서 7일 안에 교환이나 환불 신청을 해야 합니다. 하지만 사용한 적이 있는 물건은 교환이나 환불이 되지 않습니다.

여자 7일이 지나면 교환이나 환불을 전혀 할 수 없습니까?

남자 아닙니다. 물건이 마음에 들지 않을 때만 7일 안에 신청하는 겁니다. 만약 물건에 문제가 있으면 3개월 안에 반품을 할 수 있습니다.

여자 그래요? 좋은 정보입니다. 시청자 여러분께서도 SNS로 물건을 사실 때 교환이나 환불 방법을 잘 확인하시기 바랍니다.

문법 설명

Unit 1 저는 미린이라고 합니다

1 N(이)라고 하다

명사와 결합하여 다른 사람에게 들은 내용을 말할 때 사용한다. 보통 공식적인 상황에서 자신을 소개할 때 많이 사용한다. 명사에 받침이 있으면 '이라고 하다', 받침이 없으면 '라고 하다'가 붙는다.

2 V-(으)ㄴ 지

동사와 결합하여 어떤 일이나 행동이 끝난 후에 시간이 얼마나 지났는지를 말할 때 사용한다. '-(으)ㄴ 지' 뒤에는 시간을 나타내는 명사가 오고, 그 뒤에는 보통 '되다'나 '지나다'가 온다. 동사 어간에 받침이 있으면 '-은 지', 받침이 없거나 'ㄹ' 받침이 있으면 '-ㄴ 지'가 붙는다.

3 V-(으)려고

동사와 결합하여 어떤 행동의 의도나 목적을 말할 때 사용한다. 동사 어간에 받침이 있으면 '-으려고', 받침이 없거나 'ㄹ' 받침이 있으면 '-려고'가 붙는다. 뒤 문장에는 청유문이나 명령문이 올 수 없고, 뒤 문장 없이 '-(으)려고요'로만 사용할 수도 있다.

4 V-는, V-(으)ㄴ

동사와 결합하여 명사를 수식한다. '-는' 은 수식 받는 명사가 동작을 진행하고 있음을 나타내고 시제는 현재이다. 동사 어간의 받침 유무에 관계없이 '-는'이 붙는다. '-(으)ㄴ' 은 수식 받는 명사의 동작이 완료됨을 나타내며 시제는 과거이다. 동사 어간에 받침이 있으면 '-은', 받침이 없거나 'ㄹ' 받침이 있으면 '-ㄴ'이 붙는다.

Unit 2 기타를 조금 칠 줄 알아요

1 V-는 것

동사와 결합하여 어떤 행동이나 사실, 사물을 설명할 때 사용한다. 이 표현은 동사를 명사형으로 만든다. '-는 것이(=는 게)', '-는 것을=(-는 걸)', '-는 것은(=-는 건)', '-는 것이다'의 형태로 사용할 수 있다.

2 V-(으)ㄹ까 하다

동사와 결합하여 아직 확실히 결정한 것은 아니지만 그 행동을 할 마음이나 생각이 있음을 나타낼 때 사용한다. 화자의 의도를 나타내므로 주로 1인칭 주어와 함께 사용한다. 동사 어간에 받침이 있으면 '-을까 하다', 받침이 없거나 'ㄹ' 받침이 있으면 '-ㄹ까 하다'가 붙는다.

3 A/V-(으)ㄹ 때, N 때

동사, 형용사와 결합하여 어떤 일이 일어나고 있는 순간이나 어떤 행동이나 상태가 계속되는 동안을 말할 때 사용한다. 동사, 형용사의 어간에 받침이 있으면 '-을 때', 받침이 없거나 'ㄹ' 받침이 있으면 '-ㄹ 때'가 붙는다. 또한 명사와 결합하여 어떤 기간을 말할 때 사용한다. 명사의 받침 유무와 관계없이 '때'가 붙는다.

4 V-(으)ㄹ 줄 알다/모르다

동사와 결합하여 어떤 행동을 할 능력이 있는지 없는지, 또는 어떤 행동의 방법을 아는지 모르는지를 말할 때 사용한다. 동사 어간에 받침이 있으면 '-을 줄 알다/모르다', 받침이 없거나 'ㄹ' 받침이 있으면 '-ㄹ줄 알다/모르다'가 붙는다. 방법을 이야기할 때는 'V-(으)ㄹ 수 있다/없다(1B 13과)'로 바꿀 수 있다.

Unit 3 여보세요? 조엔 씨 휴대폰이지요?

1 A/V-지요?, N(이)지요?

동사, 형용사, 명사와 결합하여 이미 알고 있는 사실을 확인할 때 사용한다. 동사와 형용사는 받침 유무와 관계없이 '–지요?'가 붙는다. 명사는 받침이 있으면 '이지요?', 받침이 없으면 '지요?'가 붙는다.

2 A–(으)ㄴ데요, V–는데요, N인데요

동사, 형용사, 명사와 결합하여 어떤 사실을 전달하면서 청자의 반응을 기대할 때 사용한다. 현재형은 동사 어간의 받침 유무와 관계없이 '–는데요'가 붙는다. 형용사는 어간에 받침이 있으면 '–은데요', 받침이 없으면 '–ㄴ데요'가 붙고 '있다, 없다'로 끝나는 경우는 '–는데요'가 붙는다. 명사는 받침 유무와 관계없이 '인데요'가 붙는다. 과거형은 '–았/었는데요', 미래형은 '–겠는데요'이다.

3 A–(으)ㄴ가요?, V–나요?, N인가요?

동사, 형용사, 명사와 결합하여 질문할 때 사용하며 '–아요/어요?'보다 부드러운 느낌을 준다. 동사 어간의 받침 유무와 관계없이 '–나요?'가 붙는다. 형용사는 어간에 받침이 있으면 '–은가요?', 받침이 없으면 '–ㄴ가요?'가 붙고 '있다, 없다'로 끝나는 경우는 '–나요?'가 붙는다. 명사는 받침 유무와 관계없이 '인가요?'가 붙는다. 과거형은 '–았/었나요?'이다.

4 V–는 중이다, N 중이다

동사, 명사와 결합하여 동작을 하는 도중이나 어떤 일이 진행되고 있는 상태를 나타낼 때 사용한다. 동사는 어간의 받침 유무와 관계없이 '–는 중이다'가 붙는다. 명사는 받침 유무와 관계없이 '중이다'가 붙는다.

Unit 4 저는 죽을 먹어 본 적이 없어요

1 A/V–기 때문에, N 때문에

동사, 형용사와 결합하여 앞 문장이 뒤 문장의 원인이나 이유임을 나타낼 때 사용한다. 명사와 결합할 경우 'N(이)기 때문에' 또는 'N 때문에'의 형태로 사용한다. 뒤 문장에는 명령문이나 청유문이 올 수 없다.

2 V–(으)ㄴ 적이 있다/없다

동사와 결합하여 화자의 의지로 한 과거의 경험을 나타낼 때 사용한다. 경험한 적이 없으면 '–(으)ㄴ 적이 없다'를 사용한다. 과거에 시도했음을 나타내는 '–아/어 보다'와 결합하여 '–아/어 본 적이 있다/없다'의 형태로도 사용할 수 있다. 동사의 어간에 받침이 있으면 '–은 적이 있다/없다', 받침이 없거나 'ㄹ'받침이 있으면 '–ㄴ 적이 있다/없다'가 붙는다.

3 'ㅅ' 불규칙

동사의 어간이 'ㅅ'으로 끝나는 경우 모음으로 시작하는 어미와 결합할 때 받침 'ㅅ'이 탈락된다. '웃다', '씻다' 등은 불규칙 활용을 하지 않는다. 예외적으로 형용사 '낫다'는 'ㅅ' 불규칙 활용을 한다.

4 V–고 나서

동사와 결합하여 시간 순서에 따라 어떤 행동을 끝낸 후에 다음의 행동을 하거나 다른 상황이 생겼음을 나타낼 때 사용한다. '–고 나서' 앞에는 과거시제나 미래시제가 올 수 없고 부정형도 함께 사용할 수 없다.

Unit 5 창가 자리로 예약했으면 좋겠어요

1 V–(으)려면

동사와 결합하여 의도 및 가정과 그에 따르는 조건을 말할 때 사용한다. 뒤 문장에는 '–아/어야 하다[되다]', '–(으)세요' 등의 표현이 자주 온다. 동사 어간에 받침이 있으면 '–으려면', 받침이 없거나 'ㄹ' 받침이 있으면 '–려면'이 붙는다.

2 N 대신(에)

명사와 결합하여 앞의 것을 다른 것으로 대체할 때 사용한다. '에'를 생략하고 '대신'으로 줄여서 사용할 수도 있다.

3 A/V-았으면 좋겠다/었으면 좋겠다

동사, 형용사와 결합하여 어떤 일이 이루어졌으면 하는 희망이나 바람을 말할 때 사용한다. 동사나 형용사 어간의 모음이 'ㅏ, ㅗ'로 끝나면 '-았으면 좋겠다', 그 외의 모음으로 끝나면 '-었으면 좋겠다'가 붙는다. 동사나 형용사가 '하다'로 끝나면 '했으면 좋겠다'가 붙는다.

4 N밖에

명사와 결합하여 어떤 가능성이나 다른 선택의 여지가 없을 때 사용한다. 반드시 '안, 못, 모르다, 없다' 등의 부정을 나타내는 말과 함께 사용한다.

Unit 6 기숙사에서 살다가 한 달 전에 이사했어요

1 A-(으)ㄴ데, V-는데[1]

동사, 형용사와 결합하여 앞 문장이 뒤 문장을 말하기 위한 배경이 되거나 관련이 있는 상황을 설명할 때 사용한다.

1) 뒤 문장의 사실에 대해 앞 문장이 배경이 되어서 도입의 역할을 하는 경우

A-(으)ㄴ데, V-는데 + 요청, 제안, 명령의 형태 (-아/어 주세요, 같이 -(으)시겠어요? -(으)ㄹ까요?, -(으)ㅂ시다, -(으)세요)

2) 상대방에게 어떤 것을 물어볼 때 이유나 배경이 되어서 도입의 역할을 하는 경우

A-(으)ㄴ데, V-는데 + 질문의 형태

3) 어떤 사실을 소개하거나 제시하여 설명을 추가하는 경우

A-(으)ㄴ데, V-는데 + 앞 문장의 사실과 관련된 부연 설명, 부가적인 내용

형용사의 어간에 받침이 있으면 '-은데', 받침이 없으면 '-ㄴ데'가 붙으며 동사의 어간에는 '-는데'가 붙는다. 명사에는 '인데'가 붙는다.

2 A-(으)ㄴ 것 같다, V-는 것 같다/-(으)ㄴ 것 같다

동사, 형용사와 결합하여 상황으로 미루어 앞으로의 일이나 현재의 일, 과거의 일을 주관적으로 추측할 때 사용한다. 또한 말하는 사람 자신의 생각이나 의견을 말할 때 강하게 주장하거나 단정적으로 말하지 않고 완곡하게, 소극적으로 말하는 느낌이 있다. 형용사의 어간에 받침이 있으면 '-은 것 같다', 받침이 없으면 '-ㄴ 것 같다'가 붙는다. 현재의 일에 대한 추측일 때는 동사의 어간에는 '-는 것 같다'가 붙는다. 과거의 일에 대한 추측일 때는 동사의 어간에 받침이 있으면 '-은 것 같다', 받침이 없으면 '-ㄴ 것 같다'가 붙는다. 명사와 결합할 경우 받침 유무와 관계없이 '인 것 같다'가 붙는다.

3 A/V-기는 하지만

동사, 형용사와 결합하여 앞서 말한 내용을 인정하지만 상반되는 내용을 뒤이어 부각시킬 때 사용한다. 동사, 형용사는 받침의 유무와 관계없이 '-기는 하지만'이 붙는다. 명사와 결합할 경우 받침이 있으면 '이기는 하지만', 받침이 없으면 '(이)기는 하지만'이 붙는다. 과거형은 'A/V-기는 했지만', 'N(이)기는 했지만'이다.

4 V-다가

동사와 결합하여 어떤 행동이나 상태가 진행되는 중간에 멈추고 다른 행동을 하거나 다른 상태로 바뀔 때 사용한다.

Unit 7 현금카드는 언제부터 사용할 수 있을까요?

1 A/V-(으)ㄹ 거예요(추측)

동사, 형용사와 결합하여 화자의 추측이나 의견을 말할 때 사용한다. 주로 '아마 -(으)ㄹ 거예요'의 형태로 사용되며 동사, 형용사의 어간에 받침이 있으면 '-을 거예요', 받침이 없거나 'ㄹ' 받침이 있으면 '-ㄹ 거예요'가 붙는다. 과거의 일을 추측할 때는 '-

았/었을 거예요'를 사용한다.

2 A/V-(으)ㄹ까요?(추측)

동사, 형용사와 결합하여 추측을 나타낼 때 사용한다. 동사, 형용사의 어간에 받침이 있으면 '-을까요?', 받침이 없거나 'ㄹ' 받침이 있으면 '-ㄹ까요?'가 붙는다. 과거를 나타내는 '-았/었-'과 함께 사용할 수 있지만 미래를 나타내는 '-겠-'과는 사용할 수 없다.

3 V-아도 되다/어도 되다

동사와 결합하여 그 행동의 허락이나 허용을 나타낸다. '되다' 대신에 '좋다, 괜찮다'를 사용하기도 한다. 동사 어간의 모음이 'ㅏ, ㅗ'로 끝나면 '-아도 되다', 그 외의 모음으로 끝나면 '-어도 되다'가 붙는다. 동사가 '하다'로 끝나는 경우에는 '해도 되다'가 붙는다.

4 V-(으)면 안 되다

동사와 결합하여 어떤 행동을 금지하거나 제한할 때 사용한다. 동사 어간에 받침이 있으면 '-으면 안 되다', 받침이 없거나 'ㄹ' 받침이 있으면 '-면 안 되다'가 붙는다.

Unit 8 영수증이 필요한지 몰랐어요

1 V-아 드릴까요?/어 드릴까요?

동사와 결합하여 도움이 필요한지의 여부를 공손하게 물어볼 때 사용한다. 동사 어간의 모음이 'ㅏ, ㅗ'로 끝나면 '-아 드릴까요?', 그 외의 모음으로 끝나면 '-어 드릴까요?'가 붙는다. 동사가 '하다'로 끝나면 '해 드릴까요?'가 붙는다.

2 N에 비해(서)

명사와 결합하여 앞의 명사가 비교의 대상 또는 기준이 되어 뒤 내용과 같이 평가할 때 사용한다. '서'를 생략하고 '비해'로 줄여서 사용할 수도 있다.

3 '르' 불규칙

동사, 형용사의 어간이 '르'로 끝나는 경우, 어미 '-아/어-'가 오면 '르'의 모음 'ㅡ'가 생략되고 'ㄹ'이 삽입되어 'ㄹㄹ' 형태가 된다. 예를 들어 동사 '고르다'가 '-아/어요'와 결합하면 '골라요'가 된다.

4 A-(으)ㄴ지 알다/모르다, V-는지 알다/모르다, N인지 알다/모르다

동사, 형용사, 명사와 결합하여 어떤 사실이나 방법에 대해 알고 있는지를 물어보거나 대답할 때 사용한다. 동사는 어간에 '-는지 알다/모르다'가 붙는다. 형용사는 어간에 받침이 있으면 '-은지 알다/모르다', 받침이 없으면 '-ㄴ지 알다/모르다'가 붙고 '있다, 없다'로 끝나는 경우는 '-는지 알다/모르다'가 붙는다. 명사는 '인지 알다/모르다'가 붙는다.

어휘 색인

ㄱ

ㄴ

ㄷ

ㄹ

ㅁ

ㅂ

ㅅ

ㅇ

ㅈ

ㅊ

ㅋ

ㅌ

ㅍ

ㅎ

표현 어휘

불규칙 동사 · 형용사 활용표

	기본형	형용사 동사	-아/어요	-았/었어요	-(으)ㄹ 거예요	-아/어서	-(으)니까
'ㅡ' 탈락	고프다	형	고파요	고팠어요	고플 거예요	고파서	고프니까
	기쁘다	형	기뻐요	기뻤어요	기쁠 거예요	기뻐서	기쁘니까
	끄다	동	꺼요	껐어요	끌 거예요	꺼서	끄니까
	나쁘다	형	나빠요	나빴어요	나쁠 거예요	나빠서	나쁘니까
	바쁘다	형	바빠요	바빴어요	바쁠 거예요	바빠서	바쁘니까
	슬프다	형	슬퍼요	슬펐어요	슬플 거예요	슬퍼서	슬프니까
	쓰다	동	써요	썼어요	쓸 거예요	써서	쓰니까
	아프다	형	아파요	아팠어요	아플 거예요	아파서	아프니까
	예쁘다	형	예뻐요	예뻤어요	예쁠 거예요	예뻐서	예쁘니까
	크다	형	커요	컸어요	클 거예요	커서	크니까
'ㄹ' 탈락	걸다	동	걸어요	걸었어요	걸 거예요	걸어서	거니까
	길다	형	길어요	길었어요	길 거예요	길어서	기니까
	놀다	동	놀아요	놀았어요	놀 거예요	놀아서	노니까
	늘다	동	늘어요	늘었어요	늘 거예요	늘어서	느니까
	달다	형	달아요	달았어요	달 거예요	달아서	다니까
	들다	동	들어요	들었어요	들 거예요	들어서	드니까
	떠들다	동	떠들어요	떠들었어요	떠들 거예요	떠들어서	떠드니까
	만들다	동	만들어요	만들었어요	만들 거예요	만들어서	만드니까
	멀다	형	멀어요	멀었어요	멀 거예요	멀어서	머니까
	벌다	동	벌어요	벌었어요	벌 거예요	벌어서	버니까
	불다	동	불어요	불었어요	불 거예요	불어서	부니까
	살다	동	살아요	살았어요	살 거예요	살아서	사니까
	썰다	동	썰어요	썰었어요	썰 거예요	썰어서	써니까
	알다	동	알아요	알았어요	알 거예요	알아서	아니까
	울다	동	울어요	울었어요	울 거예요	울어서	우니까
	졸다	동	졸아요	졸았어요	졸 거예요	졸아서	조니까
	팔다	동	팔아요	팔았어요	팔 거예요	팔아서	파니까
	풀다	동	풀어요	풀었어요	풀 거예요	풀어서	푸니까
	힘들다	형	힘들어요	힘들었어요	힘들 거예요	힘들어서	힘드니까
'르' 불규칙	게으르다	형	게을러요	게을렀어요	게으를 거예요	게을러서	게으르니까
	고르다	동	골라요	골랐어요	고를 거예요	골라서	고르니까
	누르다	동	눌러요	눌렀어요	누를 거예요	눌러서	누르니까
	다르다	형	달라요	달랐어요	다를 거예요	달라서	다르니까
	마르다	형	말라요	말랐어요	마를 거예요	말라서	마르니까
	모르다	동	몰라요	몰랐어요	모를 거예요	몰라서	모르니까
	바르다	동	발라요	발랐어요	바를 거예요	발라서	바르니까
	빠르다	형	빨라요	빨랐어요	빠를 거예요	빨라서	빠르니까
	부르다	동	불러요	불렀어요	부를 거예요	불러서	부르니까
	서두르다	동	서둘러요	서둘렀어요	서두를 거예요	서둘러서	서두르니까
	오르다	동	올라요	올랐어요	오를 거예요	올라서	오르니까
	자르다	동	잘라요	잘랐어요	자를 거예요	잘라서	자르니까
	지르다	동	질러요	질렀어요	지를 거예요	질러서	지르니까
'ㄷ' 불규칙	걷다	동	걸어요	걸었어요	걸을 거예요	걸어서	걸으니까
	듣다	동	들어요	들었어요	들을 거예요	들어서	들으니까
	묻다	동	물어요	물었어요	물을 거예요	물어서	물으니까
	닫다(규칙)	동	닫아요	닫았어요	닫을 거예요	닫아서	닫으니까
	믿다(규칙)	동	믿어요	믿었어요	믿을 거예요	믿어서	믿으니까
	받다(규칙)	동	받아요	받았어요	받을 거예요	받아서	받으니까

-는/(으)ㄴ (현재)	-(으)ㄴ (과거)	-(으)ㄹ (미래)	-(으)면	-(으)세요 (높임)	-고	-습/ㅂ니다
고픈			고프면	고프세요	고프고	고픕니다
기쁜			기쁘면	기쁘세요	기쁘고	기쁩니다
끄는	끈	끌	끄면	끄세요	끄고	끕니다
나쁜			나쁘면	나쁘세요	나쁘고	나쁩니다
바쁜			바쁘면	바쁘세요	바쁘고	바쁩니다
슬픈			슬프면	슬프세요	슬프고	슬픕니다
쓰는	쓴	쓸	쓰면	쓰세요	쓰고	씁니다
아픈			아프면	아프세요	아프고	아픕니다
예쁜			예쁘면	예쁘세요	예쁘고	예쁩니다
큰			크면	크세요	크고	큽니다
거는	건	걸	걸면	거세요	걸고	겁니다
긴			길면	기세요	길고	깁니다
노는	논	놀	놀면	노세요	놀고	놉니다
느는	는	늘	늘면	느세요	늘고	늡니다
단			달면	다세요	달고	답니다
드는	든	들	들면	드세요	들고	듭니다
떠드는	떠든	떠들	떠들면	떠드세요	떠들고	떠듭니다
만드는	만든	만들	만들면	만드세요	만들고	만듭니다
먼			멀면	머세요	멀고	멉니다
버는	번	벌	벌면	버세요	벌고	법니다
부는	분	불	불면	부세요	불고	붑니다
사는	산	살	살면	사세요	살고	삽니다
써는	썬	썰	썰면	써세요	썰고	썹니다
아는	안	알	알면	아세요	알고	압니다
우는	운	울	울면	우세요	울고	웁니다
조는	존	졸	졸면	조세요	졸고	좁니다
파는	판	팔	팔면	파세요	팔고	팝니다
푸는	푼	풀	풀면	푸세요	풀고	풉니다
힘든			힘들면	힘드세요	힘들고	힘듭니다
게으른			게으르면	게으르세요	게으르고	게으릅니다
고르는	고른	고를	고르면	고르세요	고르고	고릅니다
누르는	누른	누를	누르면	누르세요	누르고	누릅니다
다른			다르면	다르세요	다르고	다릅니다
마른			마르면	마르세요	마르고	마릅니다
모르는	모른	모를	모르면	모르세요	모르고	모릅니다
바르는	바른	바를	바르면	바르세요	바르고	바릅니다
빠른			빠르면	빠르세요	빠르고	빠릅니다
부르는	부른	부를	부르면	부르세요	부르고	부릅니다
서두르는	서두른	서두를	서두르면	서두르세요	서두르고	서두릅니다
오르는	오른	오를	오르면	오르세요	오르고	오릅니다
자르는	자른	자를	자르면	자르세요	자르고	자릅니다
지르는	지른	지를	지르면	지르세요	지르고	지릅니다
걷는	걸은	걸을	걸으면	걸으세요	걷고	걷습니다
듣는	들은	들을	들으면	들으세요	듣고	듣습니다
묻는	물은	물을	물으면	물으세요	묻고	묻습니다
닫는	닫은	닫을	닫으면	닫으세요	닫고	닫습니다
믿는	믿은	믿을	믿으면	믿으세요	믿고	믿습니다
받는	받은	받을	받으면	받으세요	받고	받습니다

	기본형	형용사 동사	-아/어요	-았/었어요	-(으)ㄹ 거예요	-아/어서	-(으)니까
‘ㄹ’ 불규칙	가볍다	형	가벼워요	가벼웠어요	가벼울 거예요	가벼워서	가벼우니까
	가깝다	형	가까워요	가까웠어요	가까울 거예요	가까워서	가까우니까
	곱다	형	고와요	고왔어요	고울 거예요	고와서	고우니까
	굽다	동	구워요	구웠어요	구울 거예요	구워서	구우니까
	귀엽다	형	귀여워요	귀여웠어요	귀여울 거예요	귀여워서	귀여우니까
	그립다	형	그리워요	그리웠어요	그리울 거예요	그리워서	그리우니까
	눕다	동	누워요	누웠어요	누울 거예요	누워서	누우니까
	더럽다	형	더러워요	더러웠어요	더러울 거예요	더러워서	더러우니까
	덥다	형	더워요	더웠어요	더울 거예요	더워서	더우니까
	돕다	동	도와요	도왔어요	도울 거예요	도와서	도우니까
	두껍다	형	두꺼워요	두꺼웠어요	두꺼울 거예요	두꺼워서	두꺼우니까
	뜨겁다	형	뜨거워요	뜨거웠어요	뜨거울 거예요	뜨거워서	뜨거우니까
	맵다	형	매워요	매웠어요	매울 거예요	매워서	매우니까
	무겁다	형	무거워요	무거웠어요	무거울 거예요	무거워서	무거우니까
	무섭다	형	무서워요	무서웠어요	무서울 거예요	무서워서	무서우니까
	부럽다	형	부러워요	부러웠어요	부러울 거예요	부러워서	부러우니까
	쉽다	형	쉬워요	쉬웠어요	쉬울 거예요	쉬워서	쉬우니까
	시끄럽다	형	시끄러워요	시끄러웠어요	시끄러울 거예요	시끄러워서	시끄러우니까
	아름답다	형	아름다워요	아름다웠어요	아름다울 거예요	아름다워서	아름다우니까
	아쉽다	형	아쉬워요	아쉬웠어요	아쉬울 거예요	아쉬워서	아쉬우니까
	어렵다	형	어려워요	어려웠어요	어려울 거예요	어려워서	어려우니까
	외롭다	형	외로워요	외로웠어요	외로울 거예요	외로워서	외로우니까
	즐겁다	형	즐거워요	즐거웠어요	즐거울 거예요	즐거워서	즐거우니까
	차갑다	형	차가워요	차가웠어요	차가울 거예요	차가워서	차가우니까
	춥다	형	추워요	추웠어요	추울 거예요	추워서	추우니까
	뽑다(규칙)	동	뽑아요	뽑았어요	뽑을 거예요	뽑아서	뽑으니까
	씹다(규칙)	동	씹어요	씹었어요	씹을 거예요	씹어서	씹으니까
	입다(규칙)	동	입어요	입었어요	입을 거예요	입어서	입으니까
	잡다(규칙)	동	잡아요	잡았어요	잡을 거예요	잡아서	잡으니까
	좁다(규칙)	형	좁아요	좁았어요	좁을 거예요	좁아서	좁으니까
‘ㅅ’ 불규칙	긋다	동	그어요	그었어요	그을 거예요	그어서	그으니까
	낫다	동	나아요	나았어요	나을 거예요	나아서	나으니까
	붓다	동	부어요	부었어요	부을 거예요	부어서	부으니까
	젓다	동	저어요	저었어요	저을 거예요	저어서	저으니까
	짓다	동	지어요	지었어요	지을 거예요	지어서	지으니까
	벗다(규칙)	동	벗어요	벗었어요	벗을 거예요	벗어서	벗으니까
	씻다(규칙)	동	씻어요	씻었어요	씻을 거예요	씻어서	씻으니까
	웃다(규칙)	동	웃어요	웃었어요	웃을 거예요	웃어서	웃으니까
‘ㅎ’ 불규칙	그렇다	형	그래요	그랬어요	그럴 거예요	그래서	그러니까
	까맣다	형	까매요	까맸어요	까말 거예요	까매서	까마니까
	노랗다	형	노래요	노랬어요	노랄 거예요	노래서	노라니까
	빨갛다	형	빨개요	빨갰어요	빨갈 거예요	빨개서	빨가니까
	어떻다	형	어때요	어땠어요	어떨 거예요	어때서	어떠니까
	이렇다	형	이래요	이랬어요	이럴 거예요	이래서	이러니까
	저렇다	형	저래요	저랬어요	저럴 거예요	저래서	저러니까
	파랗다	형	파래요	파랬어요	파랄 거예요	파래서	파라니까
	하얗다	형	하얘요	하얬어요	하얄 거예요	하얘서	하야니까
	좋다(규칙)	형	좋아요	좋았어요	좋을 거예요	좋아서	좋으니까
	넣다(규칙)	동	넣어요	넣었어요	넣을 거예요	넣어서	넣으니까

-는/(으)ㄴ (현재)	-(으)ㄴ (과거)	-(으)ㄹ (미래)	-(으)면	-(으)세요 (높임)	-고	-습/ㅂ니다
가벼운			가벼우면	가벼우세요	가볍고	가볍습니다
가까운			가까우면	가까우세요	가깝고	가깝습니다
고운			고우면	고우세요	곱고	곱습니다
굽는	구운	구울	구우면	구우세요	굽고	굽습니다
귀여운			귀여우면	귀여우세요	귀엽고	귀엽습니다
그리운			그리우면	그리우세요	그립고	그립습니다
눕는	누운	누울	누우면	누우세요	눕고	눕습니다
더러운			더러우면	더러우세요	더럽고	더럽습니다
더운			더우면	더우세요	덥고	덥습니다
돕는	도운	도울	도우면	도우세요	돕고	돕습니다
두꺼운			두꺼우면	두꺼우세요	두껍고	두껍습니다
뜨거운			뜨거우면	뜨거우세요	뜨겁고	뜨겁습니다
매운			매우면	매우세요	맵고	맵습니다
무거운			무거우면	무거우세요	무겁고	무겁습니다
무서운			무서우면	무서우세요	무섭고	무섭습니다
부러운			부러우면	부러우세요	부럽고	부럽습니다
쉬운			쉬우면	쉬우세요	쉽고	쉽습니다
시끄러운			시끄러우면	시끄러우세요	시끄럽고	시끄럽습니다
아름다운			아름다우면	아름다우세요	아름답고	아름답습니다
아쉬운			아쉬우면	아쉬우세요	아쉽고	아쉽습니다
어려운			어려우면	어려우세요	어렵고	어렵습니다
외로운			외로우면	외로우세요	외롭고	외롭습니다
즐거운			즐거우면	즐거우세요	즐겁고	즐겁습니다
차가운			차가우면	차가우세요	차갑고	차갑습니다
추운			추우면	추우세요	춥고	춥습니다
뽑는	뽑은	뽑을	뽑으면	뽑으세요	뽑고	뽑습니다
씹는	씹은	씹을	씹으면	씹으세요	씹고	씹습니다
입는	입은	입을	입으면	입으세요	입고	입습니다
잡는	잡은	잡을	잡으면	잡으세요	잡고	잡습니다
좁은			좁으면	좁으세요	좁고	좁습니다
긋는	그은	그을	그으면	그으세요	긋고	긋습니다
낫는	나은	나을	나으면	나으세요	낫고	낫습니다
붓는	부은	부을	부으면	부으세요	붓고	붓습니다
젓는	저은	저을	저으면	저으세요	젓고	젓습니다
짓는	지은	지을	지으면	지으세요	짓고	짓습니다
벗는	벗은	벗을	벗으면	벗으세요	벗고	벗습니다
씻는	씻은	씻을	씻으면	씻으세요	씻고	씻습니다
웃는	웃은	웃을	웃으면	웃으세요	웃고	웃습니다
그런			그러면	그러세요	그렇고	그렇습니다
까만			까마면	까마세요	까맣고	까맣습니다
노란			노라면	노라세요	노랗고	노랗습니다
빨간			빨가면	빨가세요	빨갛고	빨갛습니다
어떤			어떠면	어떠세요	어떻고	어떻습니다
이런			이러면	이러세요	이렇고	이렇습니다
저런			저러면	저러세요	저렇고	저렇습니다
파란			파라면	파라세요	파랗고	파랗습니다
하얀			하야면	하야세요	하얗고	하얗습니다
좋은			좋으면	좋으세요	좋고	좋습니다
넣는	넣은	넣을	넣으면	넣으세요	넣고	넣습니다

초판 인쇄 2022년 3월 25일
초판 발행 2022년 3월 31일

기획 서울과학기술대학교 국제교류처
지은이 서울과학기술대학교 국제교류처 교재 집필진(이용숙, 여순민, 한주경, 박영미)
홈페이지 klc.seoultech.ac.kr
주소 서울시 노원구 공릉로 232 서울과학기술대학교 국제관
전화 02)970-9219, 9220 ~ 9223

펴낸곳 한글파크
펴낸이 엄태상
책임편집 권이준, 양승주, 김아영
디자인 공소라
조판 디자인보스코
콘텐츠제작 김선웅, 김현이
홈페이지 www.sisabooks.com
주소 서울시 종로구 자하문로 300 시사빌딩
주문 및 교재문의 1588-1582
팩스 0502-989-9592
이메일 book_korean@sisadream.com
등록일자 2000년 8월 17일
등록번호 제1-2718호

ISBN 979-11-6734-022-1 (13710)

* 한글파크는 랭기지플러스의 임프린트사이며, 한국어 전문 서적 출판 브랜드입니다.
* 잘못된 책은 구입하신 서점에서 교환해 드립니다.
* 정가는 표지에 표기되어 있습니다.